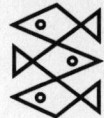

Nach langem und zähem Ringen wurde 1997 endlich der Tatbestand der Vergewaltigung in der Ehe ins Strafgesetzbuch aufgenommen. Damit wurde ein stark tabuisiertes Thema auch ins öffentliche Bewußtsein gerückt. Doch allein die Tatsache, daß Vergewaltigung, sexuelle Nötigung und Belästigung strafbare Handlungen sind, hat noch die wenigsten Täter abschrecken können. Viel zu viele Frauen sind sexueller Gewalt immer noch ausgeliefert. Das Kursangebot an Verteidigungstechniken speziell für Frauen ist immens groß und wird stark nachgefragt. Allerdings bedeutet das Erlernen von Kampfsportarten oder das Mitführen von Waffen (Reizgas, Messer, Pistole) nicht automatisch das Ende der Bedrohung und hat auch nicht die automatische Unverwundbarkeit zur Folge. Vielmehr muß der Gebrauch von Waffen jeglicher Art genauso regelmäßig geübt werden wie eine Kampfsportart. Beides ist also nur die halbe Miete. Dieser Ratgeber zeigt, daß neben der Selbstverteidigung eine grundsätzliche Verhaltensänderung, die durch Rollenspiele und Gedankenfilme eingeübt werden kann, nötig ist, um der Bedrohung durch sexuelle Gewalt effektiv begegnen zu können bzw. gar nicht erst Gewalt erfahren und anwenden zu müssen. Gezeigt wird, wie man sein Selbstbild verändern und Selbstbewußtsein aufbauen kann. Darüber hinaus beleuchtet dieser Ratgeber auch die Klischees über Opfer und Täter sexueller Gewalt und erläutert die rechtlichen Bestimmungen zur Notwehr. Zudem enthält er einen ausführlichen Service- und Adressenteil für den deutschsprachigen Raum.

R. Heimann ist Polizeibeamter, der u. a. Fortbildungen an der hessischen Polizeischule im Bereich der psychologischen Schulung und Sensibilisierung für die Probleme der Opfer sexueller Gewalt anbietet und nebenberuflich Selbstbehauptungstrainings im Rahmen des Women's Defence Network® veranstaltet.

Rudi Heimann

Wir können uns wehren

Selbstbehauptungsstrategien für Frauen

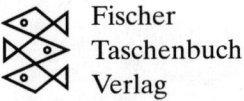

Fischer
Taschenbuch
Verlag

Originalausgabe
Veröffentlicht im Fischer Taschenbuch Verlag GmbH,
Frankfurt am Main, August 1999

© 1999 Fischer Taschenbuch Verlag, Frankfurt am Main
Gesamtherstellung: Clausen & Bosse, Leck
Printed in Germany
ISBN 3-596-14251-2

Inhalt

Vorwort

»Ich habe mit ›solchen Männern‹ nichts zu schaffen!«
»Wenn ich bedroht oder verfolgt werde und die Polizei verständige, kommt sowieso niemand!«
»Ich darf einem Mann doch nicht weh tun, nur weil er mich angefaßt hat!«
»Mein Tränengas wird mir schon helfen!«
»Meine Freundin hat von ihrem Mann verboten bekommen, sich diesen Vortrag anzuhören!«
»Wenn ich eine Anzeige erstatten möchte, werde ich wieder weggeschickt!«
»Bei Polizei und Justiz wird einer Frau nicht geglaubt!«

Das ist nur eine kleine Auswahl der Bemerkungen, die ich während meiner Vortragstätigkeit zu dieser Thematik immer wieder höre.

Wir kennen uns nicht und haben keine gemeinsamen Erfahrungen gemacht. Ich möchte durch dieses Buch Erfahrungen mit Ihnen teilen. Erfahrungen von Frauen, die mir in den vergangenen acht Jahren begegnet sind. Sie sollen erleben, was Frauen geschehen ist, wie sie reagierten, welche Folgen dies hatte, und daraus Ihre eigenen Schlußfolgerungen ziehen.
Meine Ratschläge sollen Sie zu einer interessanten und aufregenden Reise einladen. Sehen Sie dieses Buch als einen Selbstbedienungsladen, einen Supermarkt – nehmen Sie sich aus dem Angebot, was Sie möchten. Aufzwingen möchte ich Ihnen nichts.

Zum Thema sexuelle Gewalt gibt es viele Veröffentlichungen. Einige enthalten wertvolle Informationen, andere sind eher irreführend und geben Ratschläge, die für Frauen nicht praktikabel sind. Sie berücksichtigen nicht die speziellen Anforderungen und Möglichkeiten einer Frau. Dieses Buch beschäftigt sich mit zweckmäßigen Verhaltensvorschlägen, die oftmals gleichberechtigt nebeneinander stehen. Es wird Sie in verständlicher Form informieren und aufklären. Die Informationen stammen aus vielen Quellen. Dazu gehören Gespräche mit Opfern von Gewalttaten, Richtern, Staatsanwälten, Rechtsanwälten, eigene Überlegungen und Erfahrungen. Sie werden Hinweise finden, die gerade jungen Frauen und Mädchen helfen können.

Lesen Sie dieses Buch aufmerksam, und Sie werden einige Ihrer Ansichten überdenken und Antworten auf Ihre Fragen finden.

Frauen benötigen mehr als Tricks und Kniffe, mit denen sie einen Mann überwältigen können. Durch Probleme im Bereich der Selbstbehauptung haben sie Konflikte mit sich auszutragen, die viele Männer oft nicht einmal erahnen können.

Sie werden in diesem Buch keine Bilder mit körperlichen Selbstverteidigungstechniken finden. Durch bloßes Anschauen sind solche Fertigkeiten nicht zu erlernen. Diese Techniken bedürfen der Anleitung einer erfahrenen Trainerin oder eines Trainers. Sie finden hingegen Sätze, die mit Fragezeichen versehen sind. Dort nehmen Sie sich bitte die Zeit und beantworten die gestellten Fragen für sich selbst; im Rahmen Ihrer eigenen Möglichkeiten.

An anderen Stellen werden Ihnen *kursiv gesetzte Textteile* begegnen. Diese enthalten Anmerkungen oder Erfahrungen von Frauen. Alle Namen und Orte wurden geändert.

Ich danke allen Menschen, die zur Entstehung dieses Buches beigetragen haben. Im besonderen meinem Sohn Dennis, dem dadurch viele Stunden mit mir gemeinsam entgingen.

Rudi Heimann

Oktober 1998

Worum geht es?

Dieses Buch handelt von Verhaltensmaßregeln, mit denen Sie sexueller Gewalt begegnen können. Es ist im Vorfeld jedoch wichtig zu wissen, gegen was Sie sich wehren möchten.

Sexuelle Gewalt ist alles – von scheinbar zufälligen Körperkontakten, einem Klaps auf das Gesäß, über das Anfassen Ihrer Brust, bis hin zum Einführen des Gliedes, der Finger oder anderer Gegenstände in die Vagina oder den Anus.

Ich möchte Sie bereits zu Beginn auf einen wichtigen Punkt hinweisen: Ob eine Straftat vorliegt, entscheidet in jedem Fall das Gericht oder im Vorfeld die Staatsanwaltschaft. *Keinesfalls* die Polizei. Wenn Sie sich entscheiden, einen Vorfall anzuzeigen, ist die Polizei zur Entgegennahme der Anzeige verpflichtet. Egal, was die Beamten sagen – nehmen sie die Anzeige nicht entgegen, machen sie sich selbst strafbar.

Sexuelle Nötigung und Vergewaltigung

Die Vergewaltigung stellte lange Zeit nur den gewaltsamen *außerehelichen* Beischlaf mit einer Frau dar. Wobei der Begriff des Beischlafs das Einführen des Gliedes mindestens in den Beginn der Scheide (den Scheidenvorhof) bedeutet. Daher galt ein erzwungener Anal- oder Oralverkehr bisher nicht als Vergewaltigung. Männer waren durch diese Rechtsbestimmung überhaupt nicht geschützt. Dadurch konnte eine Frau, die einen Mann vergewaltigt (nach diesen Vorschriften), nicht bestraft werden. Gleiches galt für eine Tat unter Homosexuellen. In diesen Fällen ergab sich lediglich eine Strafbarkeit wegen sexueller Nötigung.

Die Ursprungsform des Vergewaltigungsparagraphen aus dem Jahre 1871 schützte weniger die Frau. Vielmehr wurde sie, als das »Eigentum« des Ehemannes, vor einer Vergewaltigung bewahrt.

Der Ehemann konnte hingegen unter dem Deckmantel des Gesetzes seine Ehefrau vergewaltigen. Eine Bestrafung fand nicht oder nur abgeschwächt über Hilfsbestimmungen statt; während einem anderen Mann mindestens zwei Jahre Haft drohten. Die gesellschaftlichen Zwänge und möglichen Versorgungsleistungen des Staates ließen der Frau wenig Spielraum. Eine mißhandelte Frau konnte nicht in ein Frauenhaus gehen oder von einer Selbsthilfeeinrichtung professionelle Hilfe erwarten. Finanziell abhängig von ihrem gewalttätigen Ehemann, war sie der Situation ausgeliefert. Ihr blieb oft nur die Wahl zwischen Gosse und Mißhandlung.

Solange es sich um »ehrbare« und »unbescholtene« Frauen handelte, gab ihnen die Gesetzessituation zumindest eine gewisse Sicherheit. Schon seit jeher wurde die Vergewaltigung einer Prostituierten weniger oder gar nicht bestraft.

Seit vielen Jahren forderten politische Gruppierungen einen Sinneswandel. Sie wollten nicht länger hinnehmen, daß die Ehefrau zur Frau zweiter Klasse degradiert wird. Es war nicht zu akzeptieren, daß die gleiche Handlung an einem Abend eine Vergewaltigung ist und in der Hochzeitsnacht nur noch eine sexuelle Nötigung darstellen soll. Ohne Nennung konkreter Gründe scheiterten die Vorschläge immer wieder am politischen Widerstand Andersdenkender.

Nachdem viele Jahre die Meinungen einiger Politiker mit denen mittelalterlicher Gerichte übereinstimmten, wurde mit Wirkung vom Juli 1997 die Gesetzessituation grundlegend verändert.

Nunmehr sind Praktiken wie der erzwungene Anal- oder Oralverkehr unter den Begriff der Vergewaltigung zu fassen. Ob die Tat vom Ehemann oder einem Dritten begangen wird, ist jetzt unerheblich. Der Ehemann wird genauso bestraft. Warum jahrelang das Fehlverhalten von Ehemännern als läßliche Sünde eingestuft worden ist, bleibt fraglich. Denn sie haben eine höhere Verantwortung, da sie die geschützte Sphäre der Familie und das Vertrauen ihrer Ehefrauen mißbraucht haben.

»Mit einer Heirat hat die Frau ihr unwiderrufliches Einverständnis zum Sexualverkehr unter allen Umständen gegeben.«

Urteil eines deutschen Gerichtes anno 1736

»Die Ehe ist eine Geschlechtsgemeinschaft und verpflichtet grundsätzlich zum ehelichen Verkehr. Die Verweigerung von Anfang an ist unter Umständen Aufhebungsgrund, die spätere Weigerung Scheidungsgrund. Zum ehelichen Verkehr gehört auch, die Unlust des Partners zu überwinden. Der Ehemann ist nicht darauf aus, ein Verbrechen zu begehen – manche Männer sind einfach rabiater.«

Wolfgang von Stetten, MdB, CDU, 1995

Die Begründung vieler Gegner dieser Reform ist und war, daß dies zu einer Flut von Falschanzeigen führen würde, mit denen sich Frauen an ihren Ehemännern rächen. Doch zeigt das Beispiel Österreich, das bereits im Jahr 1989 die Strafbarkeit der Vergewaltigung auf den ehelichen Bereich ausgedehnt hat, daß es in der Folge zu keinem nennenswerten Anstieg der Anzeigen kam. Zu erklären ist dies mit der fehlenden Bereitschaft, den Ehemann vor Gericht zu bringen. Ganz nach dem Motto: »Lieber eine Ehe mit gelegentlicher Gewalt, aber dafür eine gesicherte Existenz.«

Auch fehlt vielen Frauen das notwendige Unrechtsbewußtsein. Sie wollen nicht begreifen, daß ihr Mann etwas Illegitimes getan hat. Über 60 % der Frauen, die innerhalb einer Ehe vergewaltigt werden, sind der Auffassung, daß dies eine private Familienangelegenheit sei, die niemanden etwas angeht. Etwa der Hälfte aller Frauen ist es peinlich, darüber zu sprechen, und ein Viertel aller Frauen glaubt, daß eine Anzeige das Zusammenleben erschweren würde; das heißt, diese Frauen wollen ihre Ehe fortsetzen.

Im Vorfeld der Gesetzesinitiative wurde auch diskutiert, ob es ein Widerspruchsrecht für die vergewaltigte Ehefrau geben soll. Damit hätte sie die Möglichkeit, bis zum Abschluß der Hauptverhandlung vor Gericht Widerspruch zu erheben und das Verfahren zu beenden. Dies öffnet den Erpressungsversuchen eines ohnehin gewalttätigen Ehemannes Tür und Tor. Ein Widerspruchsrecht existiert auch aus diesem Grund nicht. Die Befürworter einer Widerspruchsklausel sollten sich vielmehr darüber Gedanken machen, ob sie auch für einen Mordversuch des Ehemannes eine ähnlich milde Regelung anstreben.

Vergewaltigung verjährt nach 20 Jahren. Damit hat das Opfer sehr lange Zeit, sich zu einer Anzeige durchzuringen. Die Annahme, daß eine Frau glaubhafter erscheint, je eher sie zur Polizei geht, ist falsch. Es ist durch die intensive Beschäftigung mit dem Thema mittlerweile bekannt, daß es für betroffene Frauen eine große Überwindung bedeuten kann, den Weg zur Polizei einzuschlagen. Und daß es viele Ursachen gibt, warum sie es vielleicht über Jahre hinaus nicht wagt.

§ 177 StGB Sexuelle Nötigung; Vergewaltigung

(1) Wer eine andere Person
   1. mit Gewalt,
   2. durch Drohung mit gegenwärtiger Gefahr für Leib oder Leben oder
   3. unter Ausnutzung einer Lage, in der das Opfer der Einwirkung des Täters schutzlos ausgeliefert ist,
   nötigt, sexuelle Handlungen des Täters oder einer dritten Person an sich zu dulden oder an dem Täter oder einem Dritten vorzunehmen, wird mit Freiheitsstrafe nicht unter einem Jahr bestraft.

(2) In besonders schweren Fällen ist die Strafe Freiheitsstrafe nicht unter zwei Jahren. Ein besonders schwerer Fall liegt in der Regel vor, wenn
   1. der Täter mit dem Opfer den Beischlaf vollzieht oder ähnliche sexuelle Handlungen an dem Opfer vornimmt oder an sich von ihm vornehmen läßt, die dieses besonders erniedrigen, insbesondere, wenn sie mit einem Eindringen in den Körper verbunden sind (Vergewaltigung), oder
   2. die Tat von mehreren gemeinschaftlich begangen wird.

(3) Auf Freiheitsstrafe nicht unter drei Jahren ist zu erkennen, wenn der Täter
   1. eine Waffe oder ein anderes gefährliches Werkzeug bei sich führt,
   2. sonst ein Werkzeug oder Mittel bei sich führt, um den Widerstand einer anderen Person durch Gewalt oder Drohung mit Gewalt zu verhindern oder zu überwinden, oder
   3. das Opfer durch die Tat in die Gefahr einer schweren Gesundheitsschädigung bringt.

(4) Auf Freiheitsstrafe nicht unter fünf Jahren ist zu erkennen, wenn der Täter
   1. bei der Tat eine Waffe oder ein anderes gefährliches Werkzeug verwendet oder

> 2. das Opfer
>   a) bei der Tat körperlich schwer mißhandelt oder
>   b) durch die Tat in die Gefahr des Todes bringt.
> (5) In minder schweren Fällen des Absatzes 1 ist auf Freiheits-
>   strafe von sechs Monaten bis zu fünf Jahren, in minder
>   schweren Fällen der Absätze 3 und 4 auf Freiheitsstrafe
>   von einem Jahr bis zu zehn Jahren zu erkennen.

Nun, wenn Sie es geschafft haben, diese fünf Absätze aufmerksam zu lesen, werden Sie sich sagen: »Kein Wunder, daß von diesen Menschen keiner verurteilt wird. Das versteht ja keiner.« Deshalb möchte ich Ihnen im folgenden einzelne Merkmale, die besonders wichtig sind, erläutern.

Der im Gesetzestext genannte Zwang zu *sexuellen Handlungen oder dem Beischlaf* kann durch Gewalt geschehen.

Unter *sexuellen Handlungen* versteht das Gesetz Handlungen, die »einige Erheblichkeit« haben. Zum Beispiel das Anfassen des männlichen Gliedes, ein Zungenkuß oder das intensive Betasten der weiblichen Brust. Letzteres muß entweder kurz und fest oder etwas länger bei einem lockeren Berühren sein. Ein flüchtiges leichtes Anfassen oder Berühren genügt nicht. Bloße Takt- und Geschmacklosigkeiten scheiden ebenfalls als sexuelle Handlung aus. Der Sexualbezug muß nach dem äußeren Erscheinungsbild vorhanden sein. Uriniert ein Mann ungeniert in der Gegend herum, ist dies keine sexuelle Handlung.

Gewalt meint vor allem die körperliche Einwirkung auf die Frau. Bei einem Festhalten, einem Gerangel oder Schlägen ist die Gewaltanwendung klar zu erkennen. Nutzt der Täter die Angst der Frau aus, um ihren Willen in die von ihm gewünschte Richtung zu beugen, liegt ebenfalls Gewaltanwendung vor. Der entgegenstehende Wille der Frau muß jedoch für den Mann eindeutig erkennbar sein. Gewalt ist auch das Herumfuchteln mit einem Messer, die Abgabe von Schreckschüssen mit einer Pistole oder das Einschließen des Opfers. Es beginnt auch schon, wenn das Knie des Täters zwischen die Beine des Opfers geschoben wird oder die zur Abwehr erhobenen Hände zur Seite gedrückt werden.

Auf das Maß der vom Täter ausgeübten Gewalt kommt es nicht an. *Wehrt sich die Frau nicht, oder ist dies für den Täter nicht erkennbar, liegt kein Gewaltgebrauch vor.* Bloßes Einreden auf die Frau stellt ebenfalls keine Gewalt dar. Ab dem Moment aber, ab dem ein Opfer sagt, daß es etwas nicht will, liegt Gewalt vor. Es muß also nicht zur körperlichen Gegenwehr kommen. Ob sich im Ernstfall ein Täter von dem verbalen Widerstand abschrecken läßt, werden wir später noch überprüfen.

Eine *Drohung mit Gefahr für Leib und Leben* reicht wiederum aus, um den Tatbestand zu erfüllen. Die Zusammenstellung der beiden Worte Leib und Leben besagt, daß eine leichte Körperverletzung als Drohung nicht ausreicht. Eine Drohung wie:»Ich schlage dich zusammen, wenn du nicht …!« genügt, während ein: »Ich schubse dich, wenn du nicht …!« nicht genügt. Eine angedrohte Ohrfeige ist grundsätzlich nicht ausreichend, jedoch kommt es auf die Gesamtumstände an. Sollte es die Situation hergeben, daß die angedrohte Ohrfeige nur der Auftakt zu weiteren Handlungen ist, gilt dies wieder als eine solche Drohung.

Die *schutzlose Auslieferung im Einwirkungsbereich des Täters* beschreibt Situationen, die objektiv eine schutzlose Auslieferung bedeuten, das heißt, auch ein unbeteiligter Dritter würde dies so sehen. Diese Bestimmung ist wichtig. Die schutzlose Lage setzt sich zunächst aus mehreren Punkten zusammen. Der Ort und die Umstände spielen eine große Rolle. So ist die Theke einer vollbesetzten Kneipe sicherlich kein Ort, an dem man jemandem ausgeliefert ist. Ein einsamer Ort erfüllt schon eher die Voraussetzung. Gleichwohl ist die persönliche Verfassung der Frau von Bedeutung. Eine schutzlose Lage kann bereits verneint werden, wenn zwei Frauen einem Mann gegenüberstehen. Zumindest kommt den Begleitumständen in diesem Fall eine große Bedeutung zu.

Während innerhalb der alten Gesetzessituation Gerichte oftmals zweifelten, ob der Täter Gewalt angewendet hat, weil keine Spuren zu erkennen waren, ist dies jetzt *vermutlich* nicht mehr notwendig. Wenn eine Frau vor Angst wie gelähmt ist und die Tat *ohne jegliche* Gegenreaktion über sich ergehen läßt, kann dies zwar nicht unter den Schutz des § 177 StGB fallen. Der Mann kommt aber noch lange nicht ungeschoren davon. Er wird nach den Bestimmungen des »Sexuellen Mißbrauchs widerstandsunfähiger Personen« bestraft.

Die zukünftige Rechtsprechung wird zeigen müssen, ob eine solche Angstreaktion des Opfers auch unter das »Ausnutzen einer hilflosen Lage« fallen wird. Die Experten, die anläßlich der Gesetzgebung gehört werden, waren sich jedenfalls nicht einig. Es ist schon interessant, welche Maßstäbe unser Gesetzgeber anlegt. Wenn jemand stiehlt, indem er die Hilflosigkeit eines anderen ausnutzt, begeht er einen besonders schweren Diebstahl. Während ein Täter, der die Hilflosigkeit einer Frau zur Vergewaltigung ausnutzt, nur ein Vergehen verüben soll, das mit einer wesentlich geringeren Strafandrohung belegt ist. Argumentiert wird hier gern damit, daß ein Täter, der sich an Widerstandsunfähigen vergreift, weniger intensiv handeln muß. Das ist meiner Meinung nach eine haarsträubende Auffassung, denn der Täter wird noch dafür belohnt, daß er sich ein besonders schwaches Opfer aussucht.

Es ist in jedem Fall gleichgültig, wer für diese Auslieferung in eine schutzlose Lage verantwortlich ist. Sie kann beispielsweise aus Unkenntnis von der Frau selbst verursacht worden sein. In der Regel jedoch wird die Lage vom Täter herbeigeführt.

Hinsichtlich der *erniedrigenden Handlungen* stellt das deutsche Strafrecht auf die Schuld des Täters ab. Deshalb ist für eine Verurteilung in diesem Fall seine Sicht entscheidend. Er muß sich des Umstands bewußt sein, daß seine Handlung von einem normalen Menschen üblicherweise als erniedrigend empfunden wird. Hierzu zählen zum Beispiel Handlungen im Bereich der Fäkal- oder Körpersafterotik. Wenn der Täter das Opfer zwingt, seinen Penis in die Hand zu nehmen, mag das für die Geschädigte erniedrigend sein. Es ist jedoch nicht erniedrigend im Sinne dieser Bestimmung.

Richtungsweisend dürfte sein, daß neuere Urteile in der Rechtsprechung mit alten Vorstellungen aufräumen. So wurde in einem Fall der Täter zu zehn Jahren Haft verurteilt und dem Opfer eine Entschädigung von 100000 DM zugesprochen. In einer anderen

Verhandlung wurde im Revisionsverfahren das Strafmaß deutlich angehoben, weil die Richter bei der ersten Verurteilung fälschlicherweise einen »minder schweren Fall« angenommen hatten. Sie sagten, daß das Opfer, eine Prostituierte, ohnehin zum Geschlechtsverkehr bereit gewesen sei. Diese Meinung wurde dann richtiggestellt.

Beleidigung

> **§ 185 StGB Beleidigung**
> (1) Die Beleidigung wird mit Freiheitsstrafe bis zu einem Jahr oder mit Geldstrafe und, wenn die Beleidigung mittels einer Tätlichkeit begangen wird, mit Freiheitsstrafe bis zu zwei Jahren oder mit Geldstrafe bestraft.

Die Beleidigung (auf sexueller Basis) fängt viele Handlungen auf, die noch nicht von der sexuellen Nötigung erfaßt werden. Die einzelne Handlung muß jedoch für sich betrachtet eine Ehrverletzung darstellen. Nicht alles, was keine Vergewaltigung oder sexuelle Nötigung ist, wird automatisch zu einer Beleidigung auf sexueller Basis.

Der Straftatbestand der Beleidigung schützt die Ehre eines Menschen. So stellt eine Beleidigung auf sexueller Basis zum Beispiel folgendes dar: Das Bezeichnen eines Menschen als Hure, Dirne, Stricher, blöde Fotze, Schwanzlutscher oder ähnliches; das Angebot von beruflichem Fortkommen bei entsprechender »Gegenleistung« durch die Arbeitnehmerin, ein Abtasten des Körpers, Telefonterror, bloßes Fassen an die bekleideten primären Geschlechtsorgane (Vagina und Hoden / Penis). Eine Tätlichkeit, die zur Beleidigung führt, kann beispielsweise auch Anspucken sein. Wird nur das Schamgefühl verletzt, ist dies nicht für eine Beleidigung ausreichend.

Extreme Belästigungen durch Telefonterror stellen möglicherweise neben der Beleidigung auch Körperverletzung dar.

Beleidigungen sind sogenannte *Privatklagedelikte*. Diese Deliktgruppe, zu denen auch die einfache Körperverletzung oder der Hausfriedensbruch zählt, werden nicht ohne weiteres von der Staatsanwaltschaft verfolgt. Zunächst ist die Stellung eines sogenannten Strafantrags notwendig. Der Strafantrag ist die Erklärung der Geschädigten, daß sie die Strafverfolgung wünscht. Die Frist zur Stellung des Strafantrages beträgt drei Monate nach dem Bekanntwerden der Tat.

Ein Strafantrag ist keine Strafanzeige. Eine Strafanzeige kann nicht zurückgenommen werden. Ein Strafantrag schon. Mit der Folge, daß dem Antragsberechtigten unter Umständen die Kosten des Verfahrens auferlegt werden.

Privatklagedelikte müssen von der Polizei in Form einer Strafanzeige entgegengenommen werden. Sie darf jedoch *nie* entscheiden, ob eine Straftat vorliegt. Ist sie der Auffassung, daß keine Straftat gegeben ist, übersendet sie die Strafanzeige ohne eine weitere Bearbeitung direkt an die Staatsanwaltschaft. Diese entscheidet dann über den Fortgang des Verfahrens. Möglicherweise erkennt die Staatsanwaltschaft ein vorliegendes öffentliches Interesse und kümmert sich selbst um die Verfolgung der Straftat. Dies ist in der Regel immer dann der Fall, wenn es sich um massive Verletzungen der Ehre handelt oder wenn die Auswirkungen über den Lebenskreis der Betroffenen hinausgehen.

Beachten Sie, daß seit 1994 nach einer Entscheidung der Justizministerinnen und Justizminister in Fällen häuslicher Gewalt das öffentliche Interesse aufgrund »des Beziehungsgeflechts zwischen Täter und Opfer« regelmäßig zu bejahen ist.

Verneint die Staatsanwaltschaft das öffentliche Interesse, bleibt der Geschädigten nur, die Sache selbst in die Hand zu nehmen. Das bedeutet zunächst die Terminierung eines Sühneversuches vor dem zuständigen Schiedsmann. Der Schiedsmann ist ein Beamter, der in einem Gespräch versucht, mit den beteiligten Parteien eine außergerichtliche Einigung zu erreichen. Die Adresse des für Sie zuständigen Schiedsmannes erfahren Sie über das Amtsgericht, in dessen Bezirk Sie wohnen, oder über die Polizei.

Kommt es während des Sühnetermins zu keiner Einigung, so erstellt der Schiedsmann ein sogenanntes Sühneattest. Damit kann die Geschädigte persönlich oder über einen Rechtsanwalt die Privatklage beim zuständigen Amtsgericht einreichen. Die Kosten dafür sind nicht besonders hoch, von den Anwaltskosten einmal abgesehen. Sie sind jedoch zunächst von der Geschädigten zu tragen. Im Urteil wird auch eine Kostenentscheidung getroffen. Darin können die Kosten dem Täter auferlegt werden. Dieser Entschluß bleibt allerdings dem Gericht vorbehalten.

Exhibitionismus

> **§ 183 StGB Exhibitionistische Handlungen**
>
> (1) Ein Mann, der eine andere Person durch eine exhibitionistische Handlung belästigt, wird mit Freiheitsstrafe bis zu einem Jahr oder mit Geldstrafe bestraft.
>
> (2) Die Tat wird nur auf Antrag verfolgt, es sei denn, daß die Strafverfolgungsbehörde wegen des besonderen öffentlichen Interesses an der Strafverfolgung ein Einschreiten von Amts wegen für geboten hält.
>
> (3) Das Gericht kann die Vollstreckung einer Freiheitsstrafe auch dann zur Bewährung aussetzen, wenn zu erwarten ist, daß der Täter erst nach einer längeren Heilbehandlung keine exhibitionistischen Handlungen mehr vornehmen wird.

Der Exhibitionist entblößt seine Genitalien vor unbefangenen Fremden, um sexuelle Erregung zu erreichen. Oft besteht der Wunsch, den Fremden zu schockieren oder in Verlegenheit zu bringen. Die Befriedigung des Täters erfolgt auch meist über den Ausdruck der Empörung, des Schreckens und des Abscheus.
In der Regel handelt es sich um männliche Täter. Nur in etwa zwei von hundert Fällen sind es weibliche Exhibitionistinnen. Der Drang, sich zur Schau zu stellen, scheint für den Täter überwältigend und unkontrollierbar zu sein. Durch diesen Zwangscharakter wiederholen sich die Entblößungen oftmals an den gleichen Stellen wie Bahnhöfen, Bushaltestellen, Schulen und zur gleichen Tageszeit. Im allgemeinen hat der Exhibitionist Probleme in zwi-

schenmenschlichen Beziehungen und ist unreif im Verhalten gegenüber dem anderen Geschlecht. Über die Hälfte der Täter ist verheiratet.

Untersuchungen ergaben, daß ein Exhibitionist sich mehr als andere über unbekleidete Frauen sexuell erregen kann, auch wenn sie sich in Situationen befinden, die eindeutig nicht als sexuell gewertet werden. Als Grund wird unter anderem genannt, daß sich der Mann immer wieder seines »Mannseins« vergewissern muß.

Die Reaktion des Opfers muß Ekel, Abscheu, Ärger oder Entrüstung sein. Vergnügen oder Verwunderung reichen für eine Tatbegehung nicht aus. Beobachten Sie zufällig eine Person, die masturbiert, liegt keine exhibitionistische Handlung vor, wenn der Täter keine optische Beziehung zu einem Opfer herstellen wollte.

Auch andere Verhaltensweisen können von Menschen als abstoßend empfunden werden oder Angstgefühle auslösen, aber deswegen müssen sie noch lange nicht unter Strafe gestellt sein.

Geht Ihnen beispielsweise jemand hinterher, oder starrt Sie jemand permanent an, so ist das zwar äußerst unangenehm. Es stellt jedoch keine strafbare Handlung dar. Erst, wenn durch das Verhalten eine körperliche Mißhandlung oder Gesundheitsschädigung eintritt, bewegt sich der Täter im Bereich der Körperverletzung. Das können beispielsweise nicht unerhebliche Magen- oder Kopfschmerzen, starker Ekel oder Schlafstörungen sein.

Elisabeth kam am Abend vom Bad in ihr Schlafzimmer im ersten Stock des Hauses. Sie legte sich ins Bett, las noch wenige Minuten und schaltete dann das Licht aus. Als sie aus dem Fenster in die mondhelle Nacht schaute, sah sie in der Tanne vor ihrem Fenster einen Mann aus der Nachbarschaft sitzen. Er starrte in ihre Richtung.

Voyeure wie dieser Mann erfüllen Straftatbestände wie die der Nötigung und des Hausfriedensbruchs, vorausgesetzt, sie bewegen sich widerrechtlich auf dem Wohnungseigentum des Opfers. Der Mann auf der Tanne hat sich nicht strafbar gemacht, solange die Tanne nicht auf dem Grundstück von Elisabeth steht.

Klischee und Wahrheit

Zweifelhafte Filmbeiträge ergänzen die überzogenen Geschichten aus der Boulevardpresse zu einem Bild um sexuelle Übergriffe, das nicht der Wirklichkeit entspricht:

Ein *fremder* Täter *überfällt nachts* im *Park*, im *Wald* oder in der *Tiefgarage* eine *hübsche* und *reizvolle Frau*. Der Täter ist »typischer Sexualtäter«, triebhaft mit wirrem Blick, während die Frau den Mann durch Kleidung oder Worte gereizt hat. Dieses völlig überzeichnete Bild wird durch keine seriöse Studie gestützt. Die Wirklichkeit sieht anders aus: Jede Frau ist ein potentielles Opfer. Populäre Mythen um sexuelle Gewalt wie:

▶ nur bestimmte Frauen werden vergewaltigt,

▶ das Opfer ist immer jung, attraktiv und provokant gekleidet,

▶ Frauen, die vergewaltigt wurden, »fragten« geradezu danach, sind nur Mythen. Es gibt keinen bestimmten Frauentyp, der vorzugsweise Opfer sexueller Gewalt wird. Alle Frauen, ohne Rücksicht auf ihr Alter, ihre Rasse, ihren sozialen und wirtschaftlichen Status oder Lebensstil sind mögliche Opfer sexueller Gewalt.

Und auch die Hoffnung, einen möglichen Sexualstraftäter aufgrund einer bestimmten Eigenschaft oder seines Aussehens schon im Vorfeld einer Tat zu identifizieren, können Sie getrost vergessen.

Im weiteren lernen Sie die wichtigsten statistischen Werte um Sexualstraftaten kennen, damit Sie die sich daraus ergebenden Konsequenzen beurteilen und die Realitätsferne von Klischees um Sexualstraftaten erkennen können.

Im November 1995 erscheint folgender Artikel in einer seriösen Tageszeitung:

> X-Stadt
> *Frau wurde bedroht und verge-*
> *waltigt*
> *Ein unbekannter Täter hat am*
> *Donnerstag gegen 22 Uhr in*
> *X-Stadt eine 47 Jahre alte Pas-*
> *santin mit einem Messer bedroht*
> *und vergewaltigt. Der Mann*
> *hatte seinem Opfer, das vom*
> *Bahnhof kam, an dem Treppen-*
> *abgang von der Y- zur Z-Straße*
> *offensichtlich aufgelauert.*
> *Der Täter ist vermutlich Deut-*
> *scher, 20 bis 22 Jahre …*

Stellen Sie sich vor, Sie lesen diesen Artikel beim Frühstück und geben den Vorfall am Abend aus Ihrer Erinnerung wieder. Sie erzählen das Ereignis, weil das genau der Bahnhof ist, den Sie immer benutzen.

> **STOP**
> Bevor Sie weiterlesen, nehmen Sie sich die Zeit und geben Sie sich selbst eine gedankliche Schilderung des Artikels, ohne ihn nochmals zu lesen!

Werden Sie in Zukunft vor jemandem Angst haben, der dort, mit einem Messer bewaffnet, Frauen auflauert?

Doch: Das Opfer dieser Tat hat nie ein Messer gesehen.

Allein die Vorstellung, daß Vergewaltiger üblicherweise mit einem Messer bewaffnet sind, reichte aus, um sich in ein vermeintliches Schicksal zu fügen. Sie fragen sich nun, warum das in der Zeitung steht? Ich mich auch. Wir wollen nun einmal die Klischees im einzelnen betrachten.

Der Überfall durch den Fremden

Das Klischee
Eine sexuelle Bedrohungssituation entwickelt sich aus dem Nichts. Ohne daß die Frau etwas ahnen konnte, steht ein unbekannter Täter vor ihr.

Die Wahrheit
Etwa 70 bis 80 % aller Taten sind geplant. Der Täter kennt die Gewohnheiten und die Lebensumstände seines Opfers. Er weiß, wo und wann es geschehen wird. Etwa acht von zehn Opfern kennen ihren Täter. Die Zahl der bekannten Täter aus Kriminalstatistiken liegt etwas niedriger, bei etwa 60 %. Hierbei ist das Anzeigeverhalten zu berücksichtigen, daß den Bekanntheitsgrad prozentual nach unten verschiebt. Beziehungstaten (Täter und Opfer kennen sich) haben ein schmerzlich niedriges Anzeigeverhalten zur Folge. Wer gibt schon gern zu, von Ehemann, Onkel oder Freund vergewaltigt worden zu sein?
Für das Opfer ist es um so überraschender, wenn ein Bekannter versucht, zudringlich zu werden. Es rechnet nicht damit, weil es schon als Kind gelernt hat, bei bekannten Männern Schutz und Zuflucht zu suchen.
Sähe man einem Täter seine Gefährlichkeit an, gäbe es keine oder kaum Vergewaltigungen.
Legt man die Zahlen aus Kriminalstatistiken zugrunde, so ergibt sich bei einer Dunkelziffer von 1:10 oder 1:20 eine Summe von 100000 bis 200000 Vergewaltigungen jährlich. Dies bedeutet, daß etwa alle 2,5 bis 5 Min. eine Frau vergewaltigt wird. Diese Zahlen berücksichtigen nicht die Vergewaltigung in der Ehe, die es für den Gesetzgeber bis Juli 1997 nicht gab. Eine niedersächsische Studie macht jedoch für die Bundesrepublik ca. 70000 Ehefrauen jährlich als Vergewaltigungsopfer aus. Einer Umfrage zufolge gab jede fünfte Frau an, von ihrem Ehemann zu sexuellen Handlungen gezwungen worden zu sein. Vergewaltigungen sollen jede zehnte Ehefrau betreffen.
93 % der berufstätigen Frauen haben irgendeine Art der sexuellen Belästigung am Arbeitsplatz erlebt.

Das Täterfeld rekrutiert sich aus (ehemaligen) Partnern, Freunden, Verwandten, Arbeitskollegen, Nachbarn, Bekanntschaften. Täter sitzen in der Abendschule, liegen am Strand, halten sich in Bars auf oder leben Tür an Tür mit Ihnen.

Jährlich suchen etwa 45000 Frauen in einem der knapp 320 Frauenhäuser Schutz. Demgegenüber nehmen ca. 400 Männer im Jahr die Angebote von Männerberatungsstellen wahr und brechen in den meisten Fällen nach ein bis zwei Gesprächen die Beratung ab.

Des Nachts im Parkhaus

Das Klischee

Belästigungssituationen geschehen im Dunkeln und in Bereichen, in denen Frauen allein sind. Parkhäuser, Parkanlagen und einsame Gegenden sind die bevorzugten Jagdreviere der Täter.

Die Wahrheit

Ich wohne in der Nähe eines Stadtwalds. Morgens gehe ich dort joggen. Zu einem Zeitpunkt, zu dem viele Frauen nicht einmal in die Nähe eines Waldes gehen würden. Wissen Sie, wer mir dort begegnet? Niemand. Dieser Stadtwald ist der ruhigste und friedlichste Ort, den Sie sich vorstellen können. Versetzen Sie sich einmal in die Situation eines Täters. Angenommen, Sie wären tatsächlich auf der Suche nach einer fremden Frau. Würden Sie sich eine Maske über den Kopf ziehen und im Parkhaus hinter einem Betonpfosten stehen wollen? Oder hinter einem Busch in einem Park sitzen? Wie lange wollen Sie auf ein geeignetes Opfer warten?

STOP
Bevor Sie weiterlesen, nehmen Sie sich die Zeit und überlegen, was für einen Täter der einfachere Weg ist ...

Der häufigste Tatort ist die Wohnung der Frau oder des Täters. Die Frau wird jedoch nicht auf der Straße in ein Auto gezerrt und dann mit Gewalt in die Wohnung verfrachtet. Sie geht freiwillig mit oder läßt den Täter in ihre Wohnung ein. Die Tatorte »Auto« und »im Freien« teilen sich in etwa mit jeweils 20 % den zweiten Platz in der Häufigkeitsstatistik.

Übergriffe finden zu jeder Tages- und Nachtzeit statt. Es gibt keinen bevorzugten Zeitraum, zu dem Täter arbeiten. Wenn Sie bei Straftaten wie dem Wohnungseinbruch starke Häufungen um die Mittagszeit haben, gilt das für Straftaten, in denen es zur Anwendung sexueller Gewalt kommt, noch lange nicht. Es gibt keinen signifikanten Anstieg zur Nachtzeit.

Das hübsche Opfer

Das Klischee
Der Täter sucht sich eine gutaussehende Frau aus. Und je aufreizender sie gekleidet ist, desto wahrscheinlicher ist es, daß etwas passiert.

Die Wahrheit
Es gibt keine wissenschaftliche Untersuchung, die die These des gutaussehenden und aufreizend gekleideten Opfers unterstützt. Im Gegenteil. Betrachtet man die Kleidung und das Aussehen der Opfer, so fällt eine gewisse Durchschnittlichkeit auf. Die »Graue Maus« wird zum Opfer gemacht, weil von ihr wenig Widerstand zu erwarten ist. Der Täter bildet sich die subjektive Meinung, daß eine provokante Kleidung mit einem Mehr an Selbstbewußtsein verbunden sein muß. Geschrei oder Gegenwehr will jedoch kein Täter, und deshalb läßt er die Finger von einer vermeintlich »starken« Frau. Er will keinen harten Kampf, sondern leichtes Spiel.

Wie trivial der Rückschluß von Kleidung oder Körpersprache auf die Bereitschaft einer Frau zum Geschlechtsverkehr ist, zeigen regelmäßig erscheinende, unsinnige »Flirtstudien« in Wochenzeitschriften, in denen vorwiegend halbnackte Frauen abgebildet werden. Dort wird zum Beispiel ein breitbeiniges Sitzen wie auch ein

Übereinanderschlagen der Beine mit dem Willen zum Geschlechtsverkehr gleichgesetzt. Doch das ist Unsinn. Eine alleinverantwortlich tatauslösende Provokation des Täters durch aufreizendes Verhalten ist bisher nicht belegt.

Eine etwa 30jährige Frau leidet an der Immunschwächekrankheit AIDS. Sie ist vollkommen ausgezehrt und am ganzen Körper mit schwarzen Karzinomen übersät. Um ihre Drogensucht zu finanzieren, hat sie keine andere Möglichkeit, als der Prostitution nachzugehen. Einer der Freier versucht, sie zu vergewaltigen. Trotz der Warnung des Opfers, daß sie an AIDS leide und er doch wenigstens ein Kondom bei der Tat benutzen sollte, vergewaltigte der Mann sie ohne Kondom.

Opfer können alle werden: Ein vier Monate altes Baby oder eine 86jährige Frau, gepflegt oder ungepflegt, hübsch oder häßlich, dick oder dünn, hilflos oder sportlich trainiert.

Der bewaffnete Täter

Das Klischee
Die meisten Täter sind bewaffnet. Sie müssen mit der Gegenwehr der Frauen rechnen, und um sie zu beeindrucken, ist eine Waffe notwendig.

Die Wahrheit
Etwa 15 Sexualmorde an Frauen gibt es jedes Jahr in der gesamten Bundesrepublik Deutschland. Davon wurde zum Beispiel 1996 ein Mord mit einer Schußwaffe begangen. Unter 10 % der angezeigten Täter von Vergewaltigungen tragen bei der Tatausführung ein Hilfsmittel (Messer, Schlagwerkzeug) bei sich. Bezogen auf alle Täter, also auch die, deren Taten nicht angezeigt werden, wird von einer Bewaffnung von unter fünf Prozent ausgegangen. Derjenige, der sich ein Opfer aussucht, wird sich eine eher wehrlose Frau auswählen. Und dazu benötigt er keine Waffe.

Auch die tatsächliche Verwendung von Waffen ist eines psychologischen Erklärungsansatzes zufolge eher unwahrscheinlich. Der Mann verübt die Tat, wie wir später noch sehen werden, weil er Macht ausüben will. Wie machtvoll ist es aber, wenn eine Frau durch die Erscheinung des Täters und seiner Körperkraft erniedrigt wird? Und wie machtvoll ist es, wenn eine Frau erst mit Hilfe einer Waffe eingeschüchtert werden muß?

> **STOP**
> Bevor Sie weiterlesen, nehmen Sie sich die Zeit und denken Sie über diese beiden Fragen nach.

Die Frau ohne echte Chance

Das Klischee
Wenn ein Mann wirklich will, hat die Frau keine echte Chance. Und wenn sie sich wehrt, wird der Täter erst recht wild, und die Situation verschärft sich.

Die Wahrheit
Eine Studie der Kriminalkommissarin Susanne Paul von der Polizeidirektion Hannover hat das Gegenwehrverhalten bei 522 Vergewaltigungen und sexuellen Nötigungen ausgewertet. Hierbei wurde unterschieden nach:
- ▶ keiner Gegenwehr
- ▶ leichter Gegenwehr: Ein zögerlicher, eher passiver Einsatz von Stimme, Armen, Beinen, Werkzeugen oder dem Körper (Wegziehen von Armen, Herauswinden, »Ach, laß mich doch.«)
- ▶ massiver Gegenwehr: Der energische, aktive Einsatz von Stimme, Armen, Beinen, Werkzeugen oder dem Körper (Schreien, unkontrolliertes Schlagen).

Keine Gegenwehr leisteten 33 % (175 Frauen). Trotzdem brachen 25 % der Täter die Tat ab, weil Unbeteiligte hinzukamen oder das Opfer weglaufen konnte.
Leichte Gegenwehr leisteten 40 % (207 Frauen). In 64 % (132) der Fälle brach der Täter die Tat ab.
Massive Gegenwehr leisteten 27 % (140 Frauen). *In 85 % (118) der Fälle brach der Täter die Tat ab.*

Befindet sich die Frau in einer Wohnung, beträgt die Abbruchrate etwa 70 %. Je öffentlicher der Bereich, desto wahrscheinlicher wurde die Tat vorzeitig vom Täter aufgegeben. Im Freien oder im Auto führte die massive Gegenwehr zu *einem Abbruch in 93 % aller Fälle.* In nur einem Fall eskalierte der Tatablauf, und die Tat konnte ausgeführt werden. Nur eine Frau hatte Kampfsporterfahrung; diese lag jedoch schon Jahre zurück.
Wenn das Opfer stillhält, denkt der Täter, daß es kein wirkliches Problem gibt und die Frau irgendwie mit der Situation einverstan-

den ist. In der Gerichtsverhandlung führt die fehlende Gegenwehr häufig zu Mißverständnissen und oftmals zu einer geringeren Bestrafung der Täter. Je aktiver und je unerwarteter die Reaktion der angegriffenen Frau ist, um so schwieriger wird es für den Angreifer, seine Vorstellung vom Tatablauf umzusetzen. Die Wahrscheinlichkeit, daß er die Tat abbricht, steigt, weil er für sich kaum noch Handlungsalternativen sieht.

All das mag Ihrer Vorstellung über ein mögliches Tatgeschehen nicht entsprechen. Etwa 95 % aller Menschen in den westlichen Industrienationen entnehmen ihre »Erfahrungen« mit Gewaltkriminalität, die sie als »wirkliche« Kriminalität betrachten, aus den Massenmedien. Sie befinden sich also in guter Gesellschaft. Wenn Sie jedoch alle Punkte zusammenfassen, die ich Ihnen vorgestellt habe, ergibt sich ein Bild um Sexualstraftaten, in dem genau eins zum anderen paßt:

Der Täter kommt in den meisten Fällen aus dem sozialen Nahbereich des Opfers. Er sucht sich eine Frau, mit der er augenscheinlich leichtes Spiel hat. Er benötigt dazu keine Waffe. Er weiß, daß das Opfer ihn aus Scham und aus Rücksicht auf die Beziehung nicht anzeigen wird. Die geplante Tat findet häufig in der Wohnung oder im Auto statt.

Darf ich mich wehren?

Sie fragen sich, ob Sie Probleme mit Polizei und Justiz bekommen können, wenn Sie gegen einen Täter körperlich vorgehen. Für einige von Ihnen ist es eine sachliche Frage, für einige eine ethisch-moralische. Sie haben zum einen Angst, selbst angezeigt zu werden, oder können Gewaltanwendung nicht mit Ihrer Überzeugung und Einstellung vereinbaren. Wenn Sie ein distanziertes Verhältnis zur Gewaltausübung haben, ist dies sicherlich zu begrüßen. Machen Sie sich jedoch bitte klar, daß es durchaus Momente im Leben geben kann, in denen eine aggressive Reaktion die einzige Möglichkeit ist, um unversehrt aus einer Bedrohungssituation herauszukommen. Glücklicherweise erhalten wir durch den Gesetzgeber an dieser Stelle größtmögliche Unterstützung.

Wir haben gelernt, daß lautes und aggressives Verhalten unfein ist. Ein intelligenter Mensch schreit nicht herum, sondern löst seine Probleme durch Diskussion. Doch was im Streit mit dem Partner gilt, muß nicht immer und überall zutreffen. In Problemsituationen, in denen es nicht um eine bloße Meinungsverschiedenheit geht, sollten Sie sich eindeutig abgrenzen. Und wenn es sein muß, mit körperlicher Gewalt. Warten Sie nicht, bis etwas passiert ist; verhalten Sie sich wie im Straßenverkehr. Stellen Sie sich vor, hinter einem Fahrzeug herzufahren. Sie halten den Sicherheitsabstand ein, und nun beginnen die roten Bremsleuchten des vor Ihnen fahrenden Fahrzeugs aufzuleuchten. Was tun Sie? Bremsen Sie nicht selbst oder heben zumindest Ihren Fuß über das Bremspedal? Obwohl noch nichts geschehen ist. In Lebenssituationen, in denen es noch kritischer werden kann, in denen es um Ihre Gesundheit geht, tun Sie dagegen nichts und warten. Warten darauf, daß Sie geschlagen werden, lassen sich beleidigen oder in die Enge treiben. Warum tun Sie das? Sie warten doch auch nicht auf der Straße, bis Sie auf den Vordermann auffahren, um dann irgendwas zu tun.

Sie erhalten nun unterstützende Hinweise, lernen den Notwehr-
tatbestand kennen und legen damit Ihre persönliche Einschreit-
schwelle neu fest.

Notwehr

Die Bestimmungen über die Notwehr finden sich im deutschen
Strafgesetzbuch unter § 32 StGB. Innerhalb dieser Vorschrift gibt
es *Merkmale*, die die Notwehr beschreiben. Diese *Merkmale* sind
Begriffe, die durch Rechtsprechung ausgeformt und mit Leben
gefüllt worden sind.

---

§ 32 StGB Notwehr

(1) Wer eine Tat begeht, die durch Notwehr *geboten* ist, handelt nicht rechtswidrig.

(2) Notwehr ist die *Verteidigung*, die *erforderlich* ist, um *einen
gegenwärtigen, rechtswidrigen Angriff* von sich oder einem
anderen abzuwenden.

Das ist lediglich der reine Gesetzestext.
Im folgenden werde ich Ihnen die einzelnen Merkmale näher erläutern.

Angriff

Ein Angriff ist jedes menschliche Verhalten, das ein Rechtsgut bedroht. Rechtsgüter wiederum sind Werte, die unsere Gesellschaft
als schützenswert erachtet hat. Dies sind Leben, Leib, Eigentum,
Freiheit, Freizügigkeit, Ehre und die Ausübung von Rechten, wie
beispielsweise das Hausrecht.
Häufig wird der Fehler gemacht und nur der Leib und das Leben
als notwehrfähig angesehen. Der Unkundige nimmt an, daß eine
Gegenwehr nur zulässig ist, wenn es zu massiven Körperverletzun-
gen oder einer drohenden Tötung kommt. Das ist falsch.
Bei dem Rechtsgut der Ehre gibt es eine kleine Einschränkung,
die besagt, daß reinen Beleidigungen ohne Hinzukommen einer
weiteren Bedrohungssituation nicht ohne weiteres mit Tätlichkeiten begegnet werden darf. Diese hinzukommende Bedro-

hungssituation kann zum Beispiel sein, daß weit und breit keine Hilfe zu erwarten ist. Sitzen Sie in einer gut besuchten Bar, ein Mann kommt zu Ihnen und bezeichnet Sie als Schlampe, dürfen Sie keine körperliche Gewalt starten, um weitere Beleidigungen zu verhindern. Kommen Sie in eine vergleichbare Situation vor Ihrer Haustüre, niemand ist in der Nähe und der Mann versucht, nach Ihnen zu greifen, sieht es anders aus.

Angriffe sind beispielsweise der Versuch eines Täters, ein Opfer zu erschlagen; dies betrifft das Rechtsgut Leben. Das Schlagen mit der flachen Hand auf Ihre Wange beeinträchtigt Ihren Körper (Leib). Ein Wegnehmen der Geldbörse richtet sich gegen Ihr Eigentum, und das Einsperren in ein Zimmer, über einen gewissen Zeitraum, schränkt Ihre Freiheit ein. Versperrt Ihnen jemand den von Ihnen gewählten Weg, so berührt dieses Verhalten das Rechtsgut Freizügigkeit. Und wenn Sie möchten, daß irgend jemand vor Ihrer Wohnungstür stehenbleibt und derjenige dennoch ohne Ihr Einverständnis die Wohnung betritt, verletzt er Ihr Hausrecht.

Ein Angriff beginnt noch *nicht* bei musternden Blicken, einem Augenzwinkern oder Hinterherpfeifen. Auch Belästigungen wie das Anleuchten mit einer Taschenlampe oder bloßes »Ärgern« stellen keinen Angriff dar. Diese Aufzählung ist beispielhaft und nicht vollzählig.

Gegenwärtig

Der Angriff gilt dann als gegenwärtig, wenn er unmittelbar bevorsteht, bereits im Gange ist oder noch andauert. Dazu zählt auch, wenn eine Wiederholung zu erwarten ist! Und eine Wiederholung ist bei einem bereits erfolgten Angriff so lange zu erwarten, bis der Angreifer angriffsunfähig ist.

Ein Angriff steht unmittelbar bevor, wenn der Schadenseintritt im nächsten Moment zu erwarten ist. Ein Angreifer holt beispielsweise mit der Hand zum Schlag aus.

Rechtswidrig

Der Angreifer verhält sich rechtswidrig, wenn er ohne »guten Grund« handelt. Einen »guten Grund« hat die Polizei bei einer Kontrolle, wenn Sie angehalten werden und dadurch in Ihrer Freiheit beschränkt werden. Diesen »guten Grund« hat auch ein Taxifahrer, der sich weigert, einen betrunkenen Fahrgast zu befördern. Obwohl er grundsätzlich eine Beförderungspflicht hat. Oder ein Gastwirt, der Ihnen den Zutritt zu seinem Lokal verwehrt, wenn es im nächten Moment geschlossen werden soll.

Verteidigung

Die Verteidigung ist jedes Verhalten, das sich gegen den Angreifer richtet *und* der Verteidigung dient.

Sie können für sich selbst rasch überprüfen, ob Sie aus Gründen der Abwehr tätig werden. Handeln Sie aus dem Gefühl der Rache heraus, handelt es sich nicht um eine Verteidigung. Eine Verteidigung ist beispielsweise der Tritt in die Hoden nach einem Angriff. Es wird nicht von Ihnen verlangt, die Verteidigung vorher anzukündigen oder den Täter zu warnen.

Wenn Sie einem anderen Menschen in Not helfen möchten, ist dies natürlich auch über diese Bestimmung möglich. Denn es heißt ja: »Von sich oder einem anderen …« Dies wird dann als Nothilfe bezeichnet.

Erforderlich

Die Erforderlichkeit ist dann erfüllt, wenn die *sofortige* und *endgültige* Abwendung des Angriffs gewährleistet wird und es kein milderes Mittel gibt, den Angriff *sofort* und *endgültig* abzuwehren.

STOP
Bevor Sie weiterlesen, nehmen Sie sich die Zeit und überlegen, was das für eine Verteidigung bedeuten kann.

Die obligatorische Ohrfeige, an die jetzt viele von Ihnen denken werden, ist ein Mittel, mit dem Sie einen Angriff abwehren können. Von sofort und endgültig kann bei einer Ohrfeige jedoch nicht die Rede sein.

Von mehreren gleich geeigneten Mitteln muß das mildeste gewählt werden. Wenn ein weglaufender Dieb mit einem Beinschuß aufgehalten werden kann, darf er nicht mit einem Kopfschuß aufgehalten werden; denn dieser wäre nicht erforderlich. Eine Flucht ist Ihnen nicht zuzumuten. Sie müssen sich also nicht auf irgendwelche Fluchtversuche einlassen, egal, wie aussichtsreich sie sein mögen.

Es gibt keine Abstufung zwischen den körperlichen Methoden, sich zu wehren. Wenn ein Hodentritt nach einer Belästigung nicht zulässig wäre, ist es eine Ohrfeige genausowenig. Beides ist letztlich nur eine Körperverletzung desjenigen, der die Grenzen unerlaubt überschritten hat. Einer Frau kann nicht zugemutet werden, zu warten, bis der Täter die Hände um ihren Hals gelegt hat, damit sie vielleicht sicher sein kann, daß er es auch wirklich »ernst« meint. Auch ein Ausweichen stellt keinesfalls ein milderes Mittel dar. Es findet *keine* Verhältnismäßigkeitsprüfung statt. Es ist unbedeutend, was mit dem Täter passiert. Er hätte Sie ja nicht anzugreifen brauchen.

Lesen Sie, wie es ausgehen kann, wenn eine belästigte Frau glaubt, Situationen weitestgehend mit Ignoranz lösen zu können.

Eine 28jährige Frau fuhr morgens um 9 Uhr 30 die Rolltreppe von einem S-Bahn-Aufgang nach oben. Von hinten näherte sich ein Jugendlicher, der ihr im Vorbeigehen mit einer Hand an die Brust faßte und sie dabei angrinste.

STOP

Bevor Sie weiterlesen, nehmen Sie sich die Zeit und überlegen, was Sie an der Stelle der Frau tun könnten.

Die Frau sagte nichts, schlug jedoch mit ihrer rechten Hand die Hand des Jugendlichen weg. Dieser ging langsam weiter. Sie sagte und tat weiterhin nichts. Als der Jugendliche etwa drei Stufen über ihr war, drehte er sich um, grinste sie an und trat ihr mit dem Schuh mitten ins Gesicht. Die Frau konnte gerade noch verhindern, daß sie die Rolltreppe herunterfiel.

Geboten

Das Merkmal der Gebotenheit bedeutet, daß der Angegriffenen kein anderes Verhalten zumutbar ist. Eine Flucht ist nicht zumutbar. Eine denkbare Situation ist der Angriff eines Kleinkindes. Hier kann ein Erwachsener bequem ausweichen oder den »Angriff« über sich ergehen lassen.
Dieser Punkt hat in der Praxis nur eine geringe Bedeutung.

Ob ein Merkmal vorliegt oder nicht, hängt immer von den Umständen des Einzelfalls ab, und es kann keine allgemeingültige Aussage getroffen werden. Die Überprüfung der bestehenden Notwehrlage bleibt letztlich dem Gericht überlassen.
Zu Ihrer eigenen Sicherheit sollten Sie sich im Falle einer Notwehrhandlung oder dem Überschreiten der Notwehr rechtliche Unterstützung suchen.
In jedem Fall gilt:

Der beste Kampf ist der, der nie *stattgefunden hat!*

Notwehrüberschreitung

Stefanie aus Lübeck ging nach einer Party nach Hause. Einer der Gäste hatte sie während der Veranstaltung fortwährend belästigt, und ihr war schnell die Lust am Feiern vergangen. In einem einsamen Straßenzug holte der Gast sie ein und faßte sie an den Armen. Sie schrie ihn an und trat ihm sofort in die Hoden. Als er kampfunfähig am Boden lag, trat sie ihm nochmals in die Seite.

> ### § 33 STGB Überschreitung der Notwehr
> Überschreitet der Täter die Grenzen der Notwehr aus Verwirrung, Furcht oder Schrecken, so wird er nicht bestraft.

Der Gesetzgeber hat auch an den Fall gedacht, daß ein sich wehrendes Opfer die Grenzen der Notwehr übertritt. Dies ist nicht strafbar, solange sie aus Furcht, Verwirrung oder Schrecken gehandelt hat. Überschreitet sie allerdings mit Wissen und Wollen die Bestimmungen der Notwehr, um sich beispielsweise zu rächen oder schon eine »kleine« Bestrafung der Justiz vorwegzunehmen, macht sie sich selbst strafbar.

Unterlassene Hilfeleistung

> ### § 323 c StGB Unterlassene Hilfeleistung
> Wer bei Unglücksfällen oder gemeiner Gefahr oder Not nicht Hilfe leistet, obwohl dies erforderlich und ihm den Umständen nach zuzumuten, insbesondere ohne erhebliche eigene Gefahr und ohne Verletzung anderer wichtiger Pflichten möglich ist, wird mit Freiheitsstrafe bis zu einem Jahr oder mit Geldstrafe bestraft.

So verrückt es klingt, haben Sie sich gegen einen Aggressor gewehrt und liegt er beispielsweise vor Ihnen am Boden, sind Sie gesetzlich verpflichtet, Hilfe zu leisten. Diese Pflicht besteht nur dann nicht, wenn Sie sich dabei selbst erheblich gefährden. Auch wenn Sie anderer Meinung sind, der Gesetzgeber ist der Auffassung, daß es Ihnen grundsätzlich zumutbar ist, Hilfe zu leisten. Sie machen sich sonst einer unterlassenen Hilfeleistung strafbar.
Ein Anruf bei der Polizei wird aber bereits als ausreichende Hilfeleistung eingeschätzt.

Soll ich mich wehren?

Lange Jahre empfahlen auch Experten, daß sich eine Frau im Falle einer Bedrohung nicht zur Wehr setzen soll. Empfehlungen gipfelten in Ratschlägen wie: »Wenn Sie unterlegen sein sollten, lenken Sie den Täter durch ein lautes Gebet ab.« So zu lesen in einem Faltblatt des Landeskriminalamtes Bremen aus dem Jahr 1979. Die Gefahr, daß die Situation außer Kontrolle gerät und der Täter die Frau schwer verletzt oder tötet, wurde als zu groß eingeschätzt. Ein ganz anderes Bild zeichnen jedoch die Erfahrungen aus Studien und polizeilichen Kriminalstatistiken. Eine Vielzahl von Fällen belegt, daß Opfern gegenüber massive Gewalt ausgeübt wurde, obwohl sie sich zuvor aus Angst freiwillig angeboten hatten.

Denken Sie daran, daß der Täter in den meisten Fällen sofort von seinem Opfer abläßt, wenn es sich wehrt. Ein Kampf hat für ihn die unangenehme Eigenschaft, daß er ihn auch verlieren kann. Dieses Risiko möchte er nicht eingehen. Er sucht sich besser ein anderes Opfer, das sich nicht wehrt und über das er dann sicher triumphieren kann.

Versetzen Sie sich in die Situation des Täters. Wenn sich Ihr Opfer alles gefallen läßt, aus welchem Grund sollten Sie Ihre Aktion stoppen?

Lernen Sie jetzt eine Vielzahl weiterer Gründe kennen, sich keinerlei Übergriffen freiwillig auszusetzen.

Folgen eines Übergriffes

Jede Gewalterfahrung und erst recht ein sexueller Übergriff ist für die betroffene Frau ein über Jahre hinaus deprimierendes Erlebnis. Je nach Intensität der Tat und Persönlichkeitsstruktur des Opfers sind folgende Auswirkungen von Straftaten gegen die sexuelle Selbstbestimmung typisch:

► Das Opfer bekommt Weinkrämpfe und fühlt sich wie betäubt. Ihm ist alles egal.

► Psychosomatische Beschwerden wie Appetitlosigkeit, übermäßige Kopf- und Menstruationsbeschwerden sowie nervöse Spannungszustände stellen sich ein.

► Die Vergewaltigungssituation wird wiederholt geträumt. Alpträume können bis zur Angst vor dem Schlafengehen führen.

► Opfer schwanken zwischen panischen Zuständen und Depressionen.

► Sie empfinden sich als beschmutzt, entwürdigt, ihrer Gefühle beraubt und glauben, jede Person könnte »es« ihnen ansehen.

► Die Möglichkeit der Ansteckung von Infektionskrankheiten bis hin zu HIV-Infektionen ist vorhanden.

► Sie fühlen sich schuldig, die Tat in irgendeiner Art mitverursacht zu haben, sich nicht ausreichend oder zu heftig gewehrt zu haben; tolpatschig in diese Situation hineingestolpert oder nicht in der Lage gewesen zu sein, andere um Hilfe zu bitten.

► Suizidgefahr, also das Risiko der Selbsttötung, besteht.

► Der Rückzug aus dem sozialen Leben findet statt. Das Opfer hat Angst, allein auszugehen oder meidet den Aufenthalt in Gruppen. Es kann sich durch die falschen Reaktionen von Freunden und Bekannten auch von diesen verraten fühlen.

► Frauen tun nichts mehr ohne »schützende Begleitung«.

► Die Kontakt- und Lebensfreude verringert sich. Opfer vertrauen ihren eigenen Entscheidungen nicht mehr. Einerseits in bezug auf Männer, aber auch hinsichtlich Menschen im allgemeinen.

► Substanzmißbrauch mit Alkohol oder Drogen und Medikamenten kann auftreten.

► Emotionale oder sexuelle Beziehungen zu Männern können nicht mehr ohne weiteres eingegangen oder erhalten werden.

► Die Folgen der Tat führen zur Trennung vom Lebenspartner.

► Ein Umzug und Verlust des Arbeitsplatzes sind mögliche Folgen. Betroffene berichteten, daß sie das Gerede der Kolleginnen und der Nachbarschaft nicht mehr ertragen konnten.

▶ Angstzustände jeglicher Art, tatbezogen (Vermeiden bestimmter Verhaltensweisen), tatortbezogen (Unsicherheitsgefühl in der eigenen Wohnung) oder täterbezogen (generelle Angst vor Männern) treten auf. Bis hin zu der übersteigerten Angst, daß auch die eigenen Kinder zu Opfern von sexueller Gewalt werden können.

▶ Furcht, die Tat zum Beispiel vor Gericht schildern zu müssen, kommt auf.

Denken Sie bitte daran, jede Person ist einzigartig, und die Reaktionen auf Gewalttaten sind vollkommen verschieden.

Ist der Täter bekannt, kommt eine enorme Verunsicherung hinzu. Der Vertrauensmißbrauch kann für viele Opfer unüberwindbar werden. Die Mehrzahl der Geschädigten sucht daher nach der Tat in der engsten Umgebung Verständnis, Hilfe und Unterstützung. Den Reaktionen der Umwelt und der hinzugezogenen Vertrauensperson kommt deshalb eine besondere Bedeutung zu. Sie bestimmen mit, wie schnell eine Frau die Gewalterfahrung verarbeitet und beeinflussen ihre Entscheidungen und Maßnahmen. Leider müssen viele Opfer schmerzlich erfahren, daß Freunde, Partner oder andere Vertraute ihnen teilnahmslos, distanziert und verständnislos entgegentreten. Die Ohnmacht und Verletzlichkeit der Betroffenen ist für sie nicht nachvollziehbar.

So erfuhr Elisabeth das Mißtrauen ihres Ehemannes, da er der Auffassung war, eine Frau kann überhaupt nicht vergewaltigt werden, wenn sie es nicht wolle.

Eine Freundin warf Jutta vor, daß sie doch hätte merken müssen, »was das für einer ist«.

So unwahrscheinlich die Tötung eines Opfers ist, so sicher stellt die Tat »Mord« an der Psyche dar. Die Frau empfindet das Vorgehen des Mannes als Unterdrückung, Erniedrigung und Zerstörung ihrer Persönlichkeit. Sie erlebt, wie er ihren Willen bricht, und ist ihm ausgeliefert. Sie sieht ihn als übermächtiges Wesen und nimmt ihn rein körperlich wesentlich größer wahr, als er tatsächlich ist.

Bleibt eine Tat jedoch im Versuchsstadium stecken, so sind die psychischen Folgen wesentlich geringer für die betroffene Frau. Hier treten, zeitlich beschränkt und auf den Täter konzentriert, folgende Probleme auf:

▶ Schock
▶ Ekel
▶ Abscheu
▶ Wut

Wieder kommt der Persönlichkeitsstruktur der Frau eine besondere Bedeutung zu. Je stabiler ihr Gesamtzustand ist, desto geringer sind die Folgen.

STOP
Bevor Sie weiterlesen, nehmen Sie sich die Zeit und vergleichen Sie die Folgen einer vollendeten und einer versuchten Tat!

Wenn Sie die Folgen einer vollendeten und einer versuchten Tat verglichen haben und die jeweiligen Konsequenzen in zwei Waagschalen vor sich sehen: In welche Richtung wird sich die Waage neigen? Bei welcher Frau sind die Auswirkungen auf den Körper und die Seele geringer? Es bleibt nur die Empfehlung, sich in jedem Fall zur Wehr zu setzen, um mit einer größtmöglichen Wahrscheinlichkeit die Tat zu verhindern und die Folgen so gering wie möglich zu halten.

Anzeige?

Wenn sexuelle Gewalt nicht angezeigt wird, kann der Täter weiterhin ungestört gegen andere Frauen tätig werden. Er wird nicht verfolgt.

☺ Die Strafanzeige ist die einzige Möglichkeit, eine Bestrafung zu erreichen.

☹ Nur etwa jede dritte angezeigte Tat führt zur Verurteilung.

☺ Die Strafanzeige ist ein wichtiger Schritt zur Verarbeitung der Tat und Abrechnung mit dem Täter.

☹ Durch eine Gerichtsverhandlung wird nach langer Zeit die Tat wieder aus dem Gedächtnis hervorgeholt.

☺ Sie können andere Frauen davor schützen, selbst Opfer zu werden. Dem Täter wird die Möglichkeit der Therapie gegeben.

☹ Sie müssen vor Gericht rechtfertigen, warum Sie nicht auf diese oder jene Weise die Vergewaltigung verhindert haben. Warum Sie nicht zu diesem oder jenem Zeitpunkt geflohen sind.

Die Ansicht, daß eine anzeigende Frau auf Polizeibeamtinnen oder Polizeibeamte trifft, die verständnislos reagieren, kann im Einzelfall zutreffend sein. Diese Negativerlebnisse werden von Betroffenen natürlich bevorzugt geschildert. Tatsächlich ist es so, daß in der regulären Ausbildung keine spezielle Vorbereitung der Beamten auf die Situation einer Vergewaltigungsvernehmung erfolgt. Wenn Sie nur einen Bruchteil der in diesem Buch geschilderten Umstände und Fakten behalten, besitzen Sie ein umfangreicheres Wissen als die meisten Polizeibeamten.

Eine anzeigende Frau hat das Recht, eine Polizeibeamtin als Ansprechpartner zu verlangen. Sie muß aber damit rechnen, daß keine Beamtin vor Ort ist und daß sie gegebenenfalls eine andere Dienststelle aufsuchen muß.

Bedenken Sie jedoch, daß seitens der Beamten das Verständnis für die Ausnahmesituation des Opfers und entsprechendes Einfühlungsvermögen gefragt ist und keine geschlechtsspezifischen Merkmale des Gesprächspartners.

Ich empfehle Ihnen grundsätzlich eine Strafanzeige. Letztlich ist es jedoch Ihre Entscheidung, ob Sie anzeigen oder nicht.

Aussage gegen Aussage

Aber ist eine Anzeige nicht aussichtslos, weil das Prinzip »Aussage gegen Aussage« gilt und damit das Verfahren eingestellt wird?

Glauben Sie im Ernst, daß ein Täter die Tat freiwillig zugibt, sich als allein schuldig darstellt und darum bittet, schnellstmöglich eingesperrt zu werden? Der Täter versucht, die eigene Schuld wegzuargumentieren. Es war doch einfach nur ein Geschlechtsverkehr, an dem auch das Opfer seine Freude hatte. Das Opfer ist selbst daran schuld und hat nichts anderes verdient. Es wird durchweg abgewertet und die Verantwortung des Täters geleugnet. Was sollte er auch anderes tun?

Eine Frau hat in der Regel keine Zeugen für die Tat. Sie ist als Opfer das einzige Beweismittel, da die Handlung zwischen ihr und dem Täter stattfindet. Bei einem gültigen Prinzip »Aussage gegen Aussage« gäbe es *keine einzige* Verurteilung. Es gibt tatsächlich keinen dokumentierten Fall, in dem ein abgewehrter Angreifer die Frau später angezeigt hat.

Richter, Staatsanwaltschaft und Polizei wissen sehr wohl die Glaubwürdigkeit von Zeugen einzuschätzen. Jahrelange Erfahrung und spezielle Methoden der Befragung während einer Vernehmung lassen Anhaltspunkte erkennen, wer die Wahrheit sagt.

Keine Bestrafung der Täter?

»Ich kenne eine Frau, die ist vergewaltigt worden, und der Täter wurde nicht bestraft.« Bei dieser Aussage gilt es, den Hintergrund näher zu beleuchten.

Nach einer Strafanzeige ist es zunächst Aufgabe der Polizei, Ermittlungen anzustellen. Diese Ermittlungen dienen dazu, den Tatverlauf aufzuhellen und festzuhalten. Dabei muß die Polizei alle belastenden und entlastenden Umstände sichern. Dazu ist sie auf die Mitarbeit des Opfers angewiesen.

Das Ermittlungsergebnis wird zur Entscheidung an die Staatsanwaltschaft weitergegeben. Diese beantragt dann unter Umständen einen Haftbefehl, der bei einer Bestätigung durch das zuständige Gericht zur Untersuchungshaft für den Täter führt. Die rechtlichen Anforderungen an einen solchen Haftbefehl sind sehr hoch und von vielen Kriterien abhängig. Hat der Täter keine Vorstrafen, einen festen Wohnsitz oder ist es keine schwerwiegende Straftat, so ist nicht unbedingt mit einer Untersuchungshaft zu rechnen. Bei bestimmten Straftaten ist die Vorgeschichte des Täters wiederum egal. Er wird auf jeden Fall in Haft genommen.

Versucht ein Täter nach einer Anzeige auf die Frau einzuwirken, sie solle doch ihre Aussage ändern, so stellt dies als Verdunklungshandlung einen möglichen Grund für eine Untersuchungshaft dar.

Das deutsche Strafrecht ist täterorientiert, das heißt, der Täter ist so lange unschuldig, bis seine Schuld zweifelsfrei feststeht. Es hat die Funktion, die Schuld des Täters zu prüfen und ihn für seine Tat angemessen sühnen zu lassen. Es gibt keinen Fall oder Tatablauf, der einfach zu bewerten ist. Täter und Opfer geben verschiedene Darstellungen des Sachverhaltes. Beide haben gute Gründe dafür, Geschehnisse zu verschweigen oder zu verzerren. Der Täter aus Angst vor Strafe, das Opfer aus Angst vor Schuldzuweisungen.

Es findet durch das Strafgesetzbuch kaum ein direkter Opferschutz statt. Dies ist auch nicht seine vorrangige Aufgabe. So wie die Intensität der Tat und Gewaltbereitschaft des Täters strafverschärfend wirken, kann ein tatförderndes Verhalten des Opfers zur Strafmilderung beitragen. Das Gericht muß sich mit den Gründen für eine Strafmilderung auseinandersetzen. Diese Gründe können die vorherige Bekanntschaft mit dem Täter, sexueller Kontakt vor der Tat oder die leichtfertige Gefährdung des Opfers durch sein eigenes Verhalten sein. Handelt es sich bei der Frau um eine Prostituierte oder kann der Täter nachweisen, daß er eine echte Liebesbeziehung anstrebt, kommt er in der Regel glimpflicher davon.

Damit wird dem Opfer leider eine Mitschuld eingeräumt, und es wird nicht berücksichtigt, daß der Mann allein entscheidet, ob er Täter wird. In der Praxis sprechen Gerichte in über 50 % der Fälle von einem minderschweren Fall, wenn Täter und Opfer sich kennen. Mit dem Wegfall einer Sonderregelung für Straftaten in der Ehe kann unter Umständen das vorhandene patriarchalische und überaus konservative System ausgehöhlt werden.

Aktuelle Urteile zeigen bereits, daß ein Sinneswandel einsetzt.

Es darf in jedem Fall nur zu einer Verurteilung kommen, wenn das Gericht von der Schuld des Täters zweifelsfrei überzeugt ist. Hierbei gibt es Probleme, wenn Zeugen unglaubhaft sind oder Beweismittel, die aufgrund des Tatablaufes vorhanden sein sollten, fehlen. Denken Sie in diesem Zusammenhang daran, daß Sie selbst für die Genauigkeit des Gerichtes dankbar wären, wenn es Ihnen gegenüber zu einer Anschuldigung kommen sollte.

Wenn nur etwa jede dritte angezeigte Tat verurteilt wird, so liegt dies leider nicht zuletzt daran, daß die geschädigten Frauen unbewußt Beweismittel vernichten, nicht rechtzeitig den Weg zur Anzeige finden oder in ihrer Darstellung Dinge verschweigen, die späterhin ihre Glaubwürdigkeit erschüttern. Die Gründe dafür liegen auf der Hand. Das Opfer befindet sich in einer Ausnahmesituation und kann keinen klaren Gedanken fassen. Es glaubt, Fehler gemacht zu haben. Die extreme Situation, in der sich die Frau befand, läßt selten »richtige« Reaktionen zu. Das Opfer verfolgt die Strategie, die ihr richtig erscheint und welche sie aufgrund ihres Wissens und der tatsächlichen Möglichkeiten verwirklichen kann. Dazu kann ein langes Zögern zur Erstattung der Anzeige gehören. Oder die Frau erfindet eine Bewaffnung des Täters, um gegenüber Bekannten eine Rechtfertigung zu haben, warum sie sich nicht gewehrt hat.

Die Beweisführung wird bei Straftaten im sozialen Nahbereich oftmals dadurch erschwert, daß Alkohol oder andere Drogen im Spiel waren. Die Blutprobe der Geschädigten ist in diesen Fällen fast immer unumgänglich. Sie fragen sich jetzt, wieso dem Opfer eine Blutprobe entnommen wird? Es hat doch nichts getan? In dem Fall, daß die Frau massiv durch Alkohol beeinflußt wurde, kann dies zum Nachteil des Täters ausgelegt werden. Denn gerade dann nutzt er die offensichtliche Hilflosigkeit aus. Gleichzeitig ist alkoholstabiles Verhalten ein Zeichen dafür, daß die Frau sich deutlich artikulieren konnte und deutlich abgegrenzt hat. Vorausgesetzt, sie hat wirklich ihre Grenzen aufgezeigt. Und genau das ist der Punkt, der ihr vor Gericht zum Verhängnis werden kann. Sie hat freiwillig Alkohol zu sich genommen und keine deutlichen Verhältnisse geschaffen. Damit wird dem Täter zugute gehalten, daß er nicht klar erkennen konnte, was die Frau noch zulassen wollte und was nicht.

Ursachen sexueller Gewalt

Es gibt nicht nur eine Ursache, die zu sexueller Gewalt führt. Es handelt sich vielmehr um ein Bündel von Faktoren, die äußerst komplex miteinander verknüpft sind. Die Schäden in unserer Umwelt werden auch nicht nur durch Fabriken hervorgerufen. Auch die weggeworfene Zigarettenkippe trägt ihren kleinen Teil dazu bei. Genauso gibt es eine Vielzahl von Gründen, die einen Mann zum Täter werden lassen.

Oftmals wird bei Straftaten gegen die sexuelle Selbstbestimmung der sexuelle Aspekt in den Vordergrund der Tat gestellt. *Die Vergewaltigung ist jedoch ein Gewaltdelikt.* Die Meinung, daß es sich bei Straftätern, die sexuelle Gewalt verüben, vorwiegend um triebgesteuerte Männer handelt, entspricht nicht der Wirklichkeit und führt zu einem folgenschweren Ergebnis. Der Mann wird als Opfer eines natürlichen und nützlichen Triebes entschuldigt. Er wird damit zumindest zum Teil aus seiner Verantwortung sich selbst gegenüber entlassen. Bei Vorträgen wird immer wieder einmal der Vorschlag an mich herangetragen, daß »diese Typen« doch in »den Puff« gehen sollten. Glauben Sie im Ernst, die Zahl der Vergewaltigungen würde sinken, wenn es ein kostenfreies Bordell für »diese Typen« gäbe? Straftaten, in denen sexuelle Gewalt Verwendung findet, haben rein gar nichts mit Sexualität zu tun. Stellen Sie sich vor, eine Frau schlägt ihrem spät heimkehrenden Mann eine Bratpfanne auf den Kopf. Würden Sie diese Handlung als eine Art von Kochen bezeichnen, nur weil sie die Bratpfanne zur Gewaltanwendung verwendet? In den seltensten Fällen handelt es sich um triebhafte Psychopathen, deren Absicht die sexuelle Befriedigung ist. Bei Befragungen erklärten Täter immer wieder, daß es ihnen nicht um die sexuelle Befriedigung ging. So leidet ein Großteil der Straftäter an Potenzproblemen, wie flüchtiger Impotenz oder verfrühter Ejakulation. Nur etwa jeder vierte Täter war während der Tat sexuell »voll leistungsfähig«.

Vorrangig verantwortlich für die Handlung ist das Bedürfnis des Täters, *Macht auszuüben*. Doch warum benutzt er dazu die Sexualität als Waffe? Täter greifen zur Sexualität, weil sie genau wissen, daß dies der intimste und damit verletzbarste Bereich eines jeden ist. Damit können sie das Opfer am nachhaltigsten verletzen und demütigen. Gerade in Beziehungen wird dieser Umstand von der Frau als besonders bedrückend empfunden. Der Mann, mit dem sie Zärtlichkeit, Wärme, Vertrauen und liebevolle Berührungen ausgetauscht hat, wird gewalttätig. Der Täter kann sich darauf verlassen, daß er die gewünschte Wirkung erzielt.

Sexualität ist für viele Männer ein althergebrachtes Macht- und Herrschaftsmittel. So können Beziehungen zu Frauen der männlichen Selbstwerteinschätzung dienen. Für eine Vielzahl von Männern orientiert sich das Sexualverhalten an der Kategorie Erfolg. Kurz gesagt: Nur derjenige, der möglichst oft mit möglichst vielen Frauen Geschlechtsverkehr ausübt, ist ein »toller Hecht« und bei seinen Geschlechtsgenossen anerkannt. Jeder weiß, daß identisches Verhalten einer Frau zu ihrer Abwertung führt.

Neuere Täterforschungen (1995) ergaben, daß es gewisse Risikofaktoren gibt, die einen potentiellen Sexualstraftäter begünstigen. Diese Faktoren sind:
▶ eine gewalttätige Einstellung,
▶ die Neigung zu allgemeiner Feindseligkeit,
▶ eine unsichere, defensive und mißtrauische Orientierung gegenüber Frauen,
▶ männlicher Rollenstreß und Promiskuität, das heißt, diese Männer sind in monogamen Beziehungen nicht treu und eher bindungsarm orientiert.

Woher stammen nun diese Einstellungen? Wesentlich für die Festlegung der Ursachen ist das Element der Erziehung. Zu diesem Punkt zählt neben der Formung durch das Elternhaus auch die Prägung durch die Gesellschaft. Es gibt Bedingungen, die die Möglichkeit steigern, daß ein Junge später zu Gewalt gegenüber Frauen neigt. Dazu zählen Kinder, die in Familien aufwachsen, in denen die Mutter als dominant gilt. Jungen alleinerziehender

Mütter gelten demzufolge als besonders gefährdet. Jungen hingegen, die sich gut mit dem Vater identifizieren können, neigen weniger zu Gewalt. (Väter, kümmert euch um eure Söhne!) Auch Jungen, die in ihrer Identitätsfindung gegenüber ihren Altersgenossen hinterherhinken, werden eher zu Gewalt tendieren. Und auch diejenigen, die unter Macht vor allem die vordergründigen Symbole männlicher Macht sehen, wie Stärke, Roheit und Zähigkeit, laufen Gefahr, zu Gewalttätigkeiten zu neigen.

Schon von klein auf stellt das Fernsehen und seit neuestem auch Computerspiele ein wesentliches Moment im Lernen von Verhaltensweisen dar. Das Kind prägt sich ein, daß Gewalt etwas Akzeptables und Alltägliches ist. Eine Untersuchung ergab, daß bereits nach zweimaligem Konsum von »Splatter-Filmen« die Versuchspersonen bei geschilderten Tatabläufen weniger Mitgefühl und Sympathie für das Opfer einer Vergewaltigung hatten, sie allgemein gegenüber der Ausübung von Gewalt desensibilisiert sind und beim zweiten Anschauen des Filmes mehr Freude daran hatten. Splatter-Filme sind Produktionen, in denen die Tötung und das Quälen von Menschen selbstverständlich ist und verherrlicht wird.

Wir müssen uns überlegen, warum viele Kinder bis zum 14. Lebensjahr zwar ungefähr 18000 Stunden vor dem Fernseher, aber nur 15000 Stunden in der Schule sitzen. Suchen sie Entspannung und Flucht vor innerer Unruhe, weil sie einsam sind? Weil ihnen Erwachsene nicht zuhören, sie nicht ernst nehmen, ihre Bedürfnisse nicht befriedigt werden?

Wenn ein Kind lernt, daß es seinen kleinen Bruder nur oft genug schlagen muß, damit er ihm automatisch aus dem Weg geht und nicht mehr stört und dieses Verhalten von den Eltern geduldet wird, ist bereits ein kleiner Schritt getan. Wenn die Aggression nicht jedesmal zum Erfolg führt, sondern nur in manchen Fällen, verbirgt sich darin sogar ein besonders großer Lernerfolg. Ganz nach dem Motto: »Beim letzten Mal habe ich nicht laut genug geschrien, aber heute habe ich Mama wieder dazu gebracht, mir die Süßigkeit zu kaufen. Also funktioniert das doch.« Kinder benötigen in diesem Zusammenhang eine klare Linie für den Umgang mit Aggression – und halten Sie sich selbst daran. Ermahnen Sie

Ihr Kind nicht zehnmal, sondern ziehen Sie beim zweitenmal die Konsequenz. Setzen Sie, wenn überhaupt, angemessene und nicht zu harte Strafen. Schläge helfen in der Regel wenig. Loben Sie Ihr Kind, wo immer es geht, für Dinge, die es gut gemacht hat. Vermitteln Sie Ihrem Kind das Gefühl, daß Sie es lieben und akzeptieren, auch wenn Ihnen sein Verhalten nicht immer gefällt.

Ein Sexualstraftäter hat in seiner Kindheit häufig Gewalt als Mittel der Kommunikation erlebt, ist von seinen Eltern vernachlässigt worden, hat ihre Liebe nicht erfahren. Aus der Kindheit stammende Gefühle der Frustration drücken sich in Gewalt gegenüber Frauen aus.

Ein Erklärungsmodell für diese Frustration gründet sich auf die Stellung der Frau als Mutter innerhalb der Gesellschaft. Die Schwangerschaft und die ersten Jahre der Kindererziehung können von einer Frau den Aufschub oder die Aufgabe eigener Wünsche und Lebensziele verlangen. Unbewußt versucht die Mutter, ihre Ziele auf das Kind zu projizieren. Sie erzieht das Kind nicht zur Selbständigkeit und kann es nur schwer loslassen. Das Kind bemerkt seine Abhängigkeit und fühlt sich unwohl und minderwertig. Die Frustration kann jedoch nicht gegen das auslösende Moment (die Mutter) in Aggression ausgelebt werden. So suchen sich die Täter ein Ventil – in der Form einer anderen Frau. Als Erwachsene wollen sie eine Frau, die sich still unterordnet und traditionelle Rollenverteilungen akzeptiert. Beginnt sie, sich zu bilden, nach einem eigenen Einkommen und der damit verbundenen Unabhängigkeit zu streben, kann das schon der Beginn einer Gewaltspirale sein.

Oftmals weisen Täter einen signifikanten Mangel an persönlicher Erfahrung mit dem anderen Geschlecht auf. Sie haben ein asexuelles Zuhause, es fällt ihnen schwer, über Sexualität zu reden, und sie können eine sexuelle Beziehung nicht genießen. Als Folge wird der Mann brutal, wo er nicht zärtlich sein kann. Möglicherweise lernt er, daß ein Mann dominant, aggressiv und nur sich selbst behauptend sein muß. Egal, um welche Art von Beziehung es sich handelt.

Frauen hingegen glauben oftmals, daß ein offenes Verhalten zu dem Ruf »sie sei leicht zu haben« führt oder daß der Mann sein Interesse verliert. Die Meinung, er solle darum bitten oder sich bemühen, sind weitere Gründe. So gaben 1988 bei einer Befragung von 610 Studentinnen über 40 % an, sie hätten schon einmal »nein« gesagt, obwohl sie »ja« meinten und Sex mit diesem Mann wünschten. Lernt ein Mann an einem solchen Verhalten der Frau, ist es nicht weit bis zu der existierenden Vorstellung, daß eine Gegenwehr der Frau nur zum Schein erfolgt. Deshalb sei es das »gute Recht« des Mannes, sich darüber hinwegzusetzen. Und so verwundert es auch nicht, daß eine anonyme Befragung von 1500 Studenten in den Vereinigten Staaten ergab, daß über 50 % von ihnen sich ein Recht auf Geschlechtsverkehr ableiten, wenn sie Geld für die Frau ausgegeben haben. Und sie glauben auch, es wäre legitim, zur Durchsetzung ihres Willens Druck auf die Frau auszuüben.

Der Straftäter hat nicht gelernt, die Integrität der Frau zu achten, und nimmt sein Opfer, weil es gerade da ist und er es als verfügbar ansieht. Dieser männliche Tagtraum der ständigen Verfügbarkeit von Frauen wird nicht zuletzt durch die Medien gefördert. Die Werbung benutzt Frauenkörper zum Verkauf aller möglichen Artikel. Viele Zeitschriften spiegeln dem Leser vor, das die Mehrheit der Frauen permanent zu Sex bereit ist. Es müsse nur der richtige Mann kommen. Medien zeichnen dadurch ein falsches Frauenbild. Und auch Filme und Liedtexte sprechen eine deutliche Sprache. Die Frau ist Trophäe und will erobert werden. Sie selbst ist dabei beliebig austauschbar und wird dadurch dehumanisiert.

Der Täter hat außerdem nie gelernt, seine Aggressionen in geordnete Bahnen zu lenken. Das Ausleben des Aggressionstriebes ist vor allem in der Endhandlung lustvoll. Er glaubt deshalb, daß er einfach nur »harten Sex« hatte oder die Frau »überreden« mußte. Er verläßt sich deshalb auch darauf, daß sie dies niemandem erzählen und auch nicht zur Polizei gehen wird.

Triebe werden in der Regel durch gewisse Reizmuster ausgelöst. Je länger dieser Trieb nicht ausgelebt werden kann, desto geringer ist die Schwelle der auslösenden Reize. In einem solchen Fall kann dann schon die Anwesenheit einer Frau ausreichen, um die Endhandlung, also die Aggression, hervorzurufen. So schildern sexuell aggressive Männer, daß sie häufiger an Sex denken und glauben, daß sie mehr Orgasmen als andere Männer benötigen. Tatsächlich denken unauffällige Männer genausooft an Sex, und beide Gruppen haben durchschnittlich gleich oft Geschlechtsverkehr.

Wie paßt es zusammen, daß ein gewalttätiger Mann unsicher sein soll? Daß er aus Machtlosigkeit handelt? Männer haben doch in unserer Gesellschaft die Macht, oder? Macht muß man(n) nicht nur fiktiv besitzen, sondern auch ausleben können. An kleinen Beispielen möchte ich Ihnen deutlich machen, daß es mit einem guten Job und einem großen Auto noch lange nicht getan ist.
Das dem Mann auferlegte Rollenverhalten ist nicht einfach. Lernen sich Mann und Frau kennen, steckt er in einer Zwickmühle. Er wird sexuell zurückgewiesen, bis er seine Zuverlässigkeit und Vertrauenswürdigkeit unter Beweis gestellt hat. Gleichzeitig bekommt er ohne eigene Initiative wahrscheinlich keinen Sex. Warum? Weil Frauen die Wahl haben, sich passiv zu verhalten, indirekt die Initiative zu ergreifen oder selbst aktiv zu werden. Bis auf die letzte Möglichkeit liegt es am Mann, tätig zu werden. Von Frauen wird keine Initiative erwartet. Mit dem Mann »stimmt irgend etwas nicht«, wenn er passiv bleibt.
Im täglichen Leben hat die Frau auch grundsätzlich Wahlmöglichkeiten, Hausfrau, Mutter oder Karriere. Sie können Erfolg im häuslichen Bereich, außerhalb des Hauses oder eine Kombination von beidem wählen. Der Mann muß »in der Welt da draußen« Erfolg haben, ob er will oder nicht. Die Ursache dafür ist vor allem wirtschaftliche Notwendigkeit. Die Höhe der Löhne und Gehälter von Frauen und die erreichbaren Positionen lassen eine Familienversorgung allein durch die Frau oft nicht zu. Wieviel dauerhafte Hausmänner kennen Sie? Und wie viele Hausfrauen?
Darüber hinaus hat die Frau die Wahl, die Pille zu nehmen und den Mann darüber zu informieren oder auch nicht. Früher stellte eine Schwangerschaft für beide, vor allem jedoch für die Frau ein Problem dar. Heute bedeutet eine Schwangerschaft die Entscheidung zu einer Abtreibung (ob es dem Mann gefällt oder nicht) oder den Mann zu achtzehn Jahren Unterhalt für das Kind zu verpflichten (ob es dem Mann gefällt oder nicht). Die Entscheidung

fällt die Frau. Sie kann jedesmal, wenn sie mit einem Mann schläft, diese Wahl neu treffen. Er ist ihrer Entscheidung ausgeliefert.

Sind das Zeichen der Macht von Männern? Warum sind zwei Drittel aller Notfall-Patienten Männer, sind drei Viertel aller Mordopfer Männer, haben sie so hohe Drogen- und Alkoholismusraten, ist die Suizidrate bei Männern etwa dreimal so häufig, und weshalb werden Frauen im Durchschnitt acht Jahre älter als Männer?

Einige psychiatrische Gutachter sind der Meinung, daß ein gewisses Maß an Gewalt in jeder sexuellen Interaktion vorhanden ist. Jedoch nur von seiten des Mannes. Damit zerfließen aber die Grenzen von erlaubter und unerlaubter Gewalt.

Während eines Interviews äußerte die Mehrzahl der befragten Frauen, daß es das gute Recht des Lebenspartners sei, den Geschlechtsverkehr auszuüben – auch, wenn »frau« im Moment keine Lust verspürt. Weiblichkeit ist mit der Aufforderung verbunden, sich für die Familie zu opfern und zu verzeihen. Die damit anerzogene Zurückhaltung, Anständigkeit und Passivität macht gerade solche Frauen durch ihr Verhalten zum Opfer – allerdings findet keine Tat ohne Täter statt.

Solange keine fundamentalen Änderungen im Rollenverhalten von Mann und Frau stattgefunden haben und Beziehungen aus einem anderen Blickwinkel gesehen werden, scheint es leider keinen effektiven Weg zu geben, um sexuelle Gewalt zu verhindern.

Es ist mir wichtig, Sie nochmals darauf hinzuweisen, daß Männer für ihre Kontrolle letztendlich selbst verantwortlich sind; egal wie ihre Kindheit oder Sozialisation sich gestaltete. Aus diesem Grund wird sexuelle Gewalt bestraft.

Es liegt immer in der Verantwortung des Mannes, die Grenzen der Frauen zu akzeptieren.

Es ist gleichzeitig die Verantwortung der Frau, diese Grenzen deutlich zu beschreiben.

Abläufe von Vergewaltigungssituationen

Menschen, die sexuelle Gewalt ausüben, sind auf der Suche nach verwundbaren und gefälligen Opfern. Sexuelle Gewalt ist eine Straftat der günstigen Gelegenheit.
Es gibt typische Schilderungen von Opfern, Situationsabläufe und Handlungsmuster von Tätern, die hier beschrieben werden sollen. Sie dienen nicht dazu, Ängste zu wecken. Sie helfen, Situationsbewußtsein zu entwickeln und Gefahren frühzeitig zu erkennen.

Es kann in der Regel von drei Phasen einer solchen Tat gesprochen werden. In der ersten Phase wählt der Täter ein geeignetes Opfer und einen passenden Ort aus. Täterbefragungen ergaben, daß sie auf der Suche nach verwundbaren Opfern waren und die Entscheidung für ein Opfer vollkommen rational getroffen wurde. Dann erfolgt ein Test. Er versucht festzustellen, ob es sich bei dem ausgesuchten Opfer um jemanden handelt, von dem er nicht besonders viel Widerstand zu erwarten hat. Dieser Test kann bei fremden Tätern eher kurz ausfallen und die Frage nach der Uhrzeit, dem Weg oder der nächsten Straßenbahn sein. Täter hingegen, die mit dem Opfer bereits bekannt sind, werden auch über einen längeren Zeitraum bewußt Grenzen überschreiten, um zu prüfen, wie sich die Frau verhält. An dieser Stelle kann eine Frau bei ihrem Bekannten klare Grenzen setzen und durch selbstbewußtes Auftreten bei Fremden einer Tat vorbeugen. Erst jetzt schließt sich die dritte Phase an, in der ein Übergriff gestartet wird und der Täter sich dem Opfer gegenüber zu erkennen gibt.

In den Minuten und Sekunden vor einer Vergewaltigung wird der Frau bewußt, in welcher Gefahr sie schwebt, kann aber kaum glauben, was auf sie zukommt. Im Augenblick des Angriffs bangt sie um ihr Leben. Daß sie körperlich verletzt und ihrer Entscheidungsfreiheit beraubt wird, versetzt sie in Zorn. Aber sie weiß auch um ihre Verwundbarkeit. Der Angreifer ist stärker, und Angst und Schrecken sind größer, als die Kraft sich zu wehren. Einige Frauen können den Ekel und den Schock beiseite schieben und versuchen, sich mit allen Mitteln gegen die Tat zur Wehr zu setzen. Andere Frauen berichten, daß sie von der Tat nichts gefühlt haben. Diese psychische Schutzreaktion ermöglicht es ihnen, zumindest körperlich nichts zu spüren.

Fremde Täter suchen oft einen Vorwand, um mit ihrem Opfer allein zu sein. So geben sie vor, eine wichtige Nachricht übermitteln zu wollen, haben an der Wohnungstür einen Vorwand wie das Leihen von Werkzeug, die Bitte um ein Glas Wasser, sie benötigen angeblich Hilfe, sind von der Behörde oder wollen irgendwelche Zählerstände ablesen. Täter bitten darum, nach Hause gefahren zu werden oder bieten an, die Frau nach Hause zu fahren oder zu begleiten.

Eine häufige Situation, in der es gerade unter Bekannten zur Tat kommt, ist das »klärende Gespräch« nach der Trennung zweier Partner. Hier kann es schon genügen, wenn von seiten der Frau die Absicht der Trennung geäußert wird. Die durch die Frau ausgesprochene Trennung stellt die Person des Mannes in Frage. Der Täter sieht die Vergewaltigung als Mittel der Demütigung und der Erniedrigung. Damit kann er auf die Trennung reagieren. Und kann der Frau die Verletzung, die sie ihm zugefügt hat, zurückzahlen. Manchmal kommt es aber auch erst dann zur Tat, wenn die Frau einen neuen Partner gefunden hat. Während der Mann noch verkraften konnte, daß er jetzt abgeschrieben ist, kann er die Übernahme seines Platzes durch einen anderen nicht dulden. Da er Schwierigkeiten hat, sich gegen den Mann zu wenden und er die Frau dafür verantwortlich macht, wird sie zum Ziel seiner Aktion. Für diese »klärenden Gespräche« sollte deshalb in jedem Fall ein neutraler Ort, in der Öffentlichkeit, gewählt werden.

Meistens gehen sexueller Gewalt keine typisch »sexuellen Situationen« vorweg. Übergriffe können in *jeder* Alltagssituation entstehen. Es gibt selten Anspielungen oder sexuelle Andeutungen vor einer Tat. Doch gibt es auch Männer, die sexuelle Absichten wie: »Ich wollte schon immer …«, »du hast mir schon immer gut …«, »ich denke fortwährend …« äußern. Täter leiten sich gelegentlich aus vorausgegangenen gemeinsamen Unternehmungen ein Recht auf Geschlechtsverkehr ab.

Frauen versuchen oftmals, eine Auseinandersetzung durch Reden zu kären – mit dem Resultat der Vergewaltigung. Diese Gespräche sollen ein bestimmtes Ziel verfolgen, nämlich, daß der Mann seine Tat nicht verübt. Die Ablehnung und der verbale Widerstand können bei ihm jedoch zu einem Kontrollverlust führen; er weiß nicht, daß die Frau erst gefragt werden will. Er besitzt kein oder ein falsches Rollenverständnis.

Der Täter will den Geschlechtsverkehr, und aus seiner Sicht sieht er in jeglichem Verhalten *der Frau eine Aufforderung dazu.*

Wir müssen jedoch auch die Seite des Opfers betrachten.
Viele Frauen gehen grundsätzlich im Dunkeln nicht auf die Straße, nicht alleine aus oder fühlen sich in bestimmten Situationen unsicher. Wenn Frauen nach Verteidigungsstrategien gefragt werden, sagen sie oftmals: »Hüte dich vor Fremden.« Damit wird sich diese Frau in der Gegenwart von Bekannten in Sicherheit fühlen. Sie wird eine kritische Situation nicht als gefährlich einstufen und kann daher nicht schnell genug reagieren. Wenn sie sich hingegen durch ein bestimmtes Verhalten des Mannes unbehaglich fühlt, wird sie eher dazu bereit sein, ablehnend zu reagieren.
Weiterhin ist es für viele Menschen zwar denkbar, gegenüber Fremden laut und aggressiv zu reagieren. Bei Bekannten wird dieses Verhalten oftmals als unangemessen und unfein eingeschätzt. Diese Punkte führen zu einer undurchsichtigen und gefährlichen Ausgangsposition. Der Mann, der sich mit gelegentlichen Annäherungsversuchen »langsam vortastet«, stößt auf keine Grenzen. Er bekommt nicht deutlich gesagt: »Bis hierhin und nicht weiter.«
Frauen, die von einer Vergewaltigung betroffen waren, äußerten übereinstimmend, daß sie sich wehren wollten, jedoch nicht wußten, wie sie dies tun sollen. Sie haben oftmals keine oder unzureichende Erfahrung mit körperlicher Gewalt. Viele haben nie gelernt, sich durchzusetzen und ihre eigenen Interessen mit Nachdruck zu vertreten. »Nein« sagen zu können, ohne Schuldgefühle zu entwickeln, ist für sie nicht möglich. Frauen haben manchmal mehr Angst unhöflich und damit unweiblich zu sein, als Opfer einer Gewalttat zu werden. Es gibt immer noch genügend Vor-

urteile sich selbst gegenüber, die das Leben von Frauen bestimmen. Für viele Opfer von sexuellen Gewalttaten mündet es in einer Selbstbezichtigung: »Irgendwie bin ich schon selbst dafür verantwortlich, daß er das getan hat.« Diese Schuldzuweisung ist eine Folge der Erziehung junger Mädchen zur vornehmen Zurückhaltung, Anpassung und Unterwürfigkeit.

Neben diesen Defiziten ist die Vorstellung vieler Frauen über sexuelle Gewalt dem wirklichen Tatablauf gegenüber geradezu irreal zu nennen, daß es nur zu hilflosen Verhaltensmaßregeln ausreicht. Bei Beachtung all dieser wohlgemeinten Ratschläge hätte eine Frau keinen Kontakt mehr zu ihren Mitmenschen, weil auch der Arbeitskollege, Nachbar, Freund oder Ehemann der mögliche Vergewaltiger sein kann. Bestimmte Orte und Zeiten würden gemieden, in der Hoffnung, einem Täter so nicht in die Hände zu fallen.

Verhalten nach sexuellen Übergriffen

Sollten Sie für jemanden zur ersten Ansprechpartnerin nach einem sexuellen Übergriff werden, gibt es verschiedene Dinge zu beachten:

▶ Die Anzeige einer Vergewaltigung ist die Anzeige eines Verbrechens, und die Polizei wird diese in jedem Fall weiterverfolgen, ob Sie es wollen oder nicht. Eine Rücknahme gibt es nicht.

▶ Fertigen Sie ein Gedächtnisprotokoll an. Legen Sie darin Tatablauf, Täterbeschreibung, Fahrzeugbeschreibung und alles, was Ihnen wichtig erscheint, nieder.

▶ Lassen Sie sich umgehend von einer Ärztin oder einem Arzt untersuchen bzw. behandeln.

▶ Vernichten Sie keine Beweismittel:
  – Waschen Sie sich nicht vor der Untersuchung.
  – Werfen Sie keine Kleidung fort, reinigen Sie sie nicht.
  – Bewahren Sie alles kühl und trocken auf.
  – Reinigen Sie nicht die Wohnung oder das Bett.

▶ Suchen Sie eine vertraute Person auf, die Sie gegebenenfalls zu einer Vernehmung begleitet. Die Anwesenheit der vertrauten Person ist von dem Einverständnis der Polizei, Staatsanwaltschaft oder des Richters abhängig. Wenn Sie es wünschen, findet die Vernehmung durch eine Frau statt.

▶ Sie sind als Zeugin nicht verpflichtet, einer Ladung durch die Polizei Folge zu leisten. Dies kann allerdings zu einer Vorladung durch die Staatsanwaltschaft führen, die dann in einer zwangsweisen Vorführung münden kann.

▶ Nutzen Sie die Möglichkeit, das Protokoll durchzulesen. Nehmen Sie sich Zeit, und scheuen Sie sich nicht, Änderungen vorzunehmen.

▶ Beantragen Sie, daß Ihnen das Ergebnis des Verfahrens mitgeteilt wird.

▶ Lassen Sie sich das Aktenzeichen geben.

▶ Sie können von der Staatsanwaltschaft oder dem Gericht Abschriften oder Auskünfte aus den Akten erhalten.

▶ Nehmen Sie Kontakt zu einer Selbsthilfeeinrichtung für Frauen auf. Sie werden ergänzende Hilfe erhalten.

▶ Wenden Sie sich an eine/n Rechtsanwältin/anwalt. Sie/Er hat das Recht, Akten einzusehen und Beweisstücke zu besichtigen. Sie/Er darf bei der Vernehmung immer anwesend sein.

▶ Sprechen Sie mit ihr/ihm über die Nebenklägereigenschaft. Im Falle eines Strafverfahrens können Sie die erheblich stärkere Position einer Nebenklägerin beantragen. Damit sind Sie nicht nur Zeugin, sondern haben weitergehende Rechte:
  - Anwesenheitsrecht während der Verhandlung,
  - Recht auf Akteneinsicht durch die Anwältin/den Anwalt,
  - Recht auf Beweiserhebungen,
  - Recht auf Anträge, wie Ausschluß der Öffentlichkeit, Ablehnung unsachlicher Fragen, Fragen an Zeugen oder Angeklagte zu richten,
  - Rechtsmittel gegen das Urteil einzulegen.

▶ Bisher bekamen Sie die Kosten einer anwaltlichen Vertretung nur im Falle einer Verurteilung ersetzt. Jetzt bekommen Sie als Opfer eines Verbrechens eine/n Anwältin/Anwalt beigeordnet. Ihnen entstehen keine Kosten.

▶ Bei gesundheitlichen Folgeschäden können Sie einen Antrag auf Wiedergutmachung nach dem Opferentschädigungsgesetz stellen.

▶ Im Bedarfsfall liegt der spätmöglichste Zeitpunkt für die »Pille danach«, zur Verhütung einer ungewollten Schwangerschaft durch den Täter, 48 Stunden nach dem Geschlechtsverkehr.

Ein Anwalt für das Opfer

Sie haben als Opfer einer Straftat das Recht, sich einen Anwalt zu nehmen, der Ihre Rechte vertritt. Das war schon immer so. Der einzige Haken bei der Sache war bisher die zutreffende Redewendung: »Wer bestellt, bezahlt.« Und wenn es zu keiner Verurteilung des Täters kam, war das Opfer in der mißlichen Situation, seine Ausgaben über ein langwieriges Verfahren wiederzubekommen. Vorausgesetzt, es gab bei dem Täter überhaupt etwas zu holen. Denn leider verknüpft sich bei straffälligen Menschen der Hang zu kriminellen Taten oft mit der Angewohnheit, finanziell nicht besonders leistungsfähig zu sein.

Forderungen von Selbsthilfeeinrichtungen nach einem Opferanwalt wurde mittlerweile Rechnung getragen. Dazu muß zunächst ein Verbrechen vorliegen. Darüber hinaus muß ersichtlich sein, daß die Zeugin ihre Befugnisse bei der Vernehmung durch die Staatsanwaltschaft oder die Polizei nicht selbst wahrnehmen kann. Dann ist ihr ein Rechtsanwalt beizuordnen. Ihr entstehen keinerlei Kosten. Über die Beiordnung entscheidet wiederum nicht die Polizei oder die Staatsanwaltschaft, sondern der zuständige Richter. Sie müssen allerdings bei der Polizei noch vor einer Vernehmung um einen Opferanwalt bitten.

Bei der Wahl des Rechtsanwaltes sind Sie verpflichtet, auf eine Person zurückzugreifen, die in dem Gerichtsbezirk zugelassen ist. Aber keine Angst, erstens ist nahezu jeder Anwalt dort zugelassen, wo er auch seine Kanzlei hat, und zum anderen sind die Richter in dieser Hinsicht eher großzügig. Denn auch hier gilt der Grundsatz eines fairen Verfahrens. Wenn Sie ein gutes Vertrauensverhältnis zu einem Rechtsanwalt haben, der im Nachbarbezirk zugelassen ist, dürften keinerlei Probleme auftreten.

Der Richter kann den Anwalt ablehnen, wenn wichtige Gründe entgegenstehen. Einer dieser Gründe ist beispielsweise, daß der Rechtsanwalt nicht die notwendigen Spezialkenntnisse hat.

Die Beiordnung erfolgt unabhängig vom Einkommen der geschädigten Frau.

Eine Maßnahme zur Vorbeugung

Zahlreiche Studien und interdisziplinäre Arbeitskreise haben die Schwachstellen im Umgang mit Opfern sexueller Gewalt dargelegt und Lösungsmöglichkeiten aufgezeigt. So sind eine Intensivierung der Zusammenarbeit zwischen Polizeibehörden und Justiz, die weitreichende Unterstützung von Notrufgruppen und Frauenhäusern sowie notwendige Gesetzesreformen angemahnt worden. Irritierenderweise leiden viele Frauenhäuser, Notrufgruppen und die erst vor kurzem ins Leben gerufenen Opfer- und Zeugenhilfen unter einem akuten Geldmangel und sind ständig von einer Schließung bedroht. Viele können letztlich nur durch die ehrenamtliche Tätigkeit von Mitarbeiterinnen und Mitarbeitern überleben.

Viele dieser Hilfen setzen jedoch erst dann an, wenn die Tat bereits geschehen ist. Deshalb tut Prävention not. Sachgerechte Aufklärung und Information soll Frauen das Problem einer verhaltensorientierten Prävention vor Augen führen. Lassen Sie sich nicht von einer Flut von Verhaltensempfehlungen verwirren, die Sie nur einschränken. Sicherlich kann es sinnvoll sein, den Park nachts zu meiden. Sie wissen jedoch bereits, daß es eine folgenschwere Fehleinschätzung sein kann, davon uneingeschränkten Schutz zu erwarten. Ein Konzept, das wirksam dauerhafte Verhaltensänderungen hervorrufen soll, muß folgende Punkte beachten:

▶ Vermittlung einfacher und schnell zu erlernender Handlungsanweisungen zur körperlichen Gegenwehr. Diese Kompetenz muß auch unter hohem Streß anwendbar bleiben.

▶ Hintergrundinformation über sexuelle Gewalt gegen Frauen:
  – Motivlage des Täters,
  – gesellschaftliche Hintergründe,
  – typische Tatsituationen, -abläufe und -zusammenhänge,
  – kritische Bewertung von technischen Hilfsmitteln wie Tränengas, Elektroschockgeräten, usw.,

– Umgang mit Polizei und Justiz nach Vergewaltigung und sexueller Nötigung.

Damit sollen Sie in die Lage versetzt werden, Situationen besser einzuschätzen, diffuse Furchtgefühle zu reduzieren und diese durch ein gesundes, vorsichtiges Verhalten zu ersetzen.

▶ Abbau psychischer Barrieren, einem anderen Menschen Schmerzen zuzufügen, auch und gerade, wenn es sich um einen guten Bekannten handelt. In Rollenspielen erlernen Frauen Fähigkeiten der Konfliktbewältigung und Konfrontation.

▶ Frauen sollten die körperliche Gegenwehr mit Männern trainieren. Die Erfahrung, sich gegen den massiven Angriff eines Mannes wehren zu können, ruft Verhaltensänderungen hervor und bringt eine Selbstbewußtseinssteigerung mit sich. Auch können Männer die Gedanken eines Mannes besser vermitteln. Sie sind einfach glaubhafter. Nehmen Sie an einem Selbstverteidigungskurs teil, müssen Sie Verständnis und Sachkompetenz seitens der Trainerinnen/Trainer fordern. Weibliche Trainerinnen können für körperlich schwache und unsichere Frauen ein unerreichbares Ziel im Kurs darstellen. Bei männlichen Trainern wird die Überlegenheit akzeptiert und kein Vergleich angestellt.

▶ Ein Training der Teilnehmerinnen untereinander ist nicht sinnvoll, da sie häufig in der Anwendung von Tritten gehemmt sind, die aufgrund fehlender Schutzausrüstung ohnehin nur angedeutet werden können. Insgesamt verlangt es Routine und Erfahrung, wenn zwei Menschen miteinander trainieren, die einen gleichen Wissensstand haben. Zu schnell wird der Ernst der Sache vergessen oder Fehler schleichen sich ein. Stellen Sie sich vor, zwei Blinde versuchen sich gegenseitig den richtigen Weg zu zeigen.

▶ Von der Vermittlung schwieriger Kampfsporttechniken wie Hebel und Würfen muß Abstand genommen werden. Sie verlangen intensives und beständiges Training. Komplizierte Techniken sind unter Streß nicht anwendbar. Betroffene Frauen können es sich nicht leisten, daß Verteidigungstechniken in der Realität nur eingeschränkt wirksam oder durchführbar sind.

▶ Seien Sie vorsichtig, wenn Sie absolute Sicherheit versprochen bekommen. Diese ist für niemanden zu erhalten, und niemand ist in der Lage, sie zu geben. Auch ein Selbstbehauptungs- oder Selbstverteidigungstraining ist keine Garantie für Sicherheit.

▶ Wenn es aufgrund der zeitlichen Gestaltung in Kursen nicht möglich ist, treffen Sie sich mit den anderen Teilnehmerinnen außerhalb des Kurses. Sprechen Sie über die Gefühle, die der Kurs in Ihnen auslöst, tauschen Sie Erfahrungen aus, und hören Sie so von Techniken und Strategien, die andere Frauen bereits vor dem Kurs entwickelt haben.

Wenn Sie einen Kurs besuchen möchten, um Ihre Ängste zu mindern, sollten Sie auf einer *kostenfreien* Probeveranstaltung bestehen. Überprüfen Sie eingehend, ob die oben genannten Punkte Bestandteil des Trainings sind. Achten Sie weiterhin auf:

▶ Eine ausgewogene Gruppengröße von maximal acht Teilnehmerinnen je Trainer und Trainerin. In größeren Gruppen stehen Sie herum und bekommen nichts für Ihr Geld.

▶ Die möglichst hohe Kompetenz der Trainer/Trainerinnen. Fragen Sie nach weiteren Tätigkeiten und der Erfahrung mit den Kursen. Sicherlich fängt jeder irgendwann einmal an, doch auch dazu muß sie/er etwas wissen. Scheuen Sie sich nicht vor Fragen. Bestehen Sie auf einer angemessenen Antwort. Lassen Sie keine widersprüchlichen Aussagen zu.

▶ Ein angemessenes Preis-Leistungs-Verhältnis. Wenn Sie mit acht Teilnehmerinnen einen Kurs besuchen, der jede Frau über tausend Mark kostet, ist es schlecht. Ebenso wie ein Kurs für achtzig Mark, in dem Sie mit zwanzig anderen Frauen vor einem Trainer oder Trainerin stehen und gelegentlich gegen einen Sandsack schlagen dürfen. Zahlen Sie nie für einen Kurs, bevor Sie nicht wissen, was dort geschieht.

▶ Die ausreichende Zeit zum Streßabbau zwischen den Trainingseinheiten muß gewährleistet sein. Bei Wochenend- oder Crashkursen scheint mir dies nahezu ausgeschlossen zu sein. Damit wird in der Regel nur eine schnelle Mark gemacht, aber wirkliche Hilfestellung wird nicht geboten. Viele Fragen tauchen erst auf, wenn Sie die Zeit hatten, über die Inhalte eines

Kurses nachzudenken und zu sprechen. Wenn Sie Fragen haben, ist bei einem Crashkurs der Trainer wieder weg.

Optimale Erfolgsaussichten bieten hier verschiedene Schulungssysteme, in denen mit Konfrontationsmethoden gearbeitet wird. Damit erreichen die Veranstalter, daß gefürchtete Reize und Ängste in einer weniger übertriebenen Art und Weise bewertet werden.

Der Mensch hat die natürliche Angewohnheit, sich mit unangenehmen Dingen nicht zu beschäftigen. So versuchen viele Frauen, sich mit der Möglichkeit von Bedrohungssituationen nicht auseinanderzusetzen. In der stillen Hoffnung, daß sie nie eintreten werden. Situationen hingegen, mit denen sich beschäftigt wurde, hinterlassen Muster im Gedächtnis. Wenn Strategien bekannt sind und ausprobiert werden konnten, wenn Gedankenfilme mit Lösungsmöglichkeiten entstanden sind, besitzt der Mensch eine Ressource, auf die er zurückgreifen kann. Kennen Sie Gefahrensituationen, erkennen Sie sie besser, sind darauf vorbereitet und können schneller reagieren.

Angst ist deshalb ein grundsätzlich gutes Gefühl. Sie warnt uns vor Gefahren und Dummheiten, die wir begehen wollen. Bei einigen Menschen herrscht jedoch eine übersteigerte Angst vor. Sie sehen in jeder dunklen Ecke einen Tatort und in jedem Fremden einen potentiellen Täter. Wenn Sie nun wissen, wie Sie in einer Angstsituation reagieren und erfolgreich aus einer Auseinandersetzung hervorgehen können, stellen Sie fest, daß Sie weniger Angst haben, und übliche Angstreaktionen werden von der angstauslösenden Situation abgetrennt. Das kann durch praxisbezogene Rollenspiele und streßbesetztes Situationstraining geschehen.

Denken Sie daran, daß Sie heute nur deshalb relativ streßfrei und sicher mit Ihrem Auto durch den Straßenverkehr fahren können, weil Sie in früheren Jahren den Streß des Fahrschulunterrichtes auf sich genommen haben. Mit Streß erworbene Fähigkeiten sind die Voraussetzung dafür, daß man später in diesen Bereichen routiniert und ohne große Anstrengung handeln kann. Ein solches Situationstraining beginnt mit Wahrnehmung und dem Bewußtmachen von möglichen verbalen Strategien, ihrer Wirkung auf den Täter und ihrer individuellen Anwendbarkeit. Denn nicht für jede Frau ist jede Strategie geeignet.

Idealerweise sollten Sie am Ende eines Selbstverteidigungskurses mit bisher unbekannten Trainern in »normaler Umgebung« konfrontiert werden. Sie lernen so, in kurzer Zeit, unter hohem Streß, sicher zu arbeiten. Sie erwerben durch das Training und die Beschäftigung mit dem Thema eine Handlungssicherheit und ein Wissen, das ihnen niemand mehr nehmen kann.

Wer unter hohem Streß sicher arbeitet, dem gehen leichtere Aufgaben wie verbale Belästigungs- und Bedrohungssituationen sicher von der Hand.

Der Täter hat solch ein Training nie durchlaufen und *diese Situation* noch nie bewältigt.

Empfehlungen für junge Frauen

Mädchen und junge Frauen sind in einer besonderen Position. Ihnen fehlen die Erfahrungen, die Ältere bereits haben. Erfahrungen, die schützen, weil sie zu einem kritischen Distanzverhalten führen können. Die Menschenkenntnis ist bei jüngeren Menschen nicht besonders ausgeprägt, und das Risiko, sich in eine Opfersituation zu begeben, ist höher. Möglicherweise umgeben gerade jüngere Menschen sich mit Leuten, die ihre eigenen Wertvorstellungen nicht teilen. Menschen hingegen, die eigene Werte anerkennen, neigen weniger dazu, Druck auszuüben.

Dabei ist die Jugend längst nicht so cool, abgeklärt und fortschrittlich, wie es nach außen dargestellt wird. Die Schulbildung wird zwar immer qualifizierter, die beruflichen Möglichkeiten sind vielfältiger, und dennoch sehen sich etwa 75 % aller jungen Frauen zwischen 15 und 25 Jahren in einer zukünftigen Rolle als Hausfrau und Mutter. Viele werden aufgrund ihrer selbst gewählten Ausbildung nie dazu in der Lage sein, auf eigenen Füßen zu stehen. Sie sind finanziell auf die Unterstützung eines Mannes angewiesen. Daß sie sich damit in Abhängigkeit begeben, ist ihnen nicht klar.

Das Kennenlernen von Frauen und Männern wird von vielen Faktoren bestimmt. Und beim ersten Rendezvous denkt niemand an Schläge oder einen sexuellen Übergriff. Es gibt aber verschiedene Signale, die jungen Frauen eindeutig zeigen, daß sie sich vor diesen Männern in acht nehmen sollten:

▶ Männer, die nicht zuhören, die Frau ignorieren oder abfällig über sie sprechen.

▶ Männer, die viel und oft Alkohol konsumieren.

▶ Männer, die sehr eifersüchtig und besitzergreifend sind und denen es sehr wichtig ist, zu wissen, was die Frau wann und mit wem macht.

▶ Männer, die in Frauen einen Menschen zweiter Klasse sehen.

(Zum Beispiel: »Frauen gehören an den Herd und ins Bett«, »Frauen sollte man nur sehen und nicht hören.«)

▶ Männer, die bereits in Worten gewalttätig werden. (»Du Schlampe.« »Du hast mich nicht verdient.« »Du bist nichts wert.«)

▶ Männer, die dazu neigen, Frauen zu zählen. Diese Männer könnten Sie schon bei der ersten Verabredung zum Verkehr zwingen wollen.

▶ Männer, die sehr nah bei Ihnen sitzen oder stehen, Ihnen damit unangenehm werden, daran aber noch ihren Spaß haben.

▶ Männer, die Sie dann anfassen, wenn ihnen der Sinn danach steht, egal was Sie dazu sagen.

Männer, die so etwas tun, haben keinen Respekt vor Frauen. Sie sehen in ihnen keinen gleichberechtigten Menschen. Ihnen fehlt ein normales Gefühl für einen gleichwertigen Partner. Die Frau ist weniger wert, weil sie eben eine Frau ist.

Gerade junge Frauen lassen sich oftmals in eine Bedrängnissituation bringen, indem sie auf Aussagen wie die folgenden eingehen:

▶ »Wenn du mich liebst, tust du es.«

▶ »Du bist nicht das einzige Mädchen, das sich mit mir treffen will.«

▶ »Du liebst mich nicht wirklich.«

▶ »Hast du irgendwas?« (Mit dir stimmt irgend etwas nicht.)

▶ »Wenn du mit mir Schluß machst, bringe ich mich um.«

▶ »Wenn du es nicht mit mir tust, erzähle ich jedem, daß du es getan hast.«

▶ »Du hast mich so angemacht, jetzt mußt du es auch mit mir tun.«

▶ »Wir hatten doch bereits Sex miteinander. Du kannst doch jetzt nicht nein sagen.«

▶ »Du kannst nicht nein sagen, nachdem ich soviel Geld für dich ausgegeben habe.«

▶ »Du willst es doch auch. Du sagst doch nur nein, um dein Gesicht zu wahren.«

Diese Fragen und Aussagen von Männern dienen nur einem Zweck, nämlich das Einverständnis der Frau zum Geschlechtsverkehr zu erreichen. Dabei ist es dem Mann letztlich egal, ob er ihr ein schlechtes Gewissen einredet, Schwarzmalerei betreibt, sein angebliches Recht auf Geschlechtsverkehr darstellt oder auch massiven Druck auf das Mädchen ausübt.

Vorwiegend junge Frauen projizieren Gefühle der Angst vor sexueller Belästigung auf Fremde. Dies passiert, weil die Intentionen der bekannten Männer und Jungen umgedeutet werden. Eine versuchte Vergewaltigung wird so als »ungeschickte Kontaktaufnahme« eingeordnet. Als Grund glauben sie eine vorübergehende pubertäre Unsicherheit der Jungen herausgefunden zu haben. Die Jungen verhalten sich so, weil sie es nicht besser wissen. Hier zeigt sich zum erstenmal deutlich, daß die Erziehung Früchte trägt. Die junge Frau glaubt, das Problem erkannt zu haben, macht sich selbst in einem gewissen Maß dafür verantwortlich und denkt, daß sie sich nur richtig verhalten muß, um das gewünschte Verhalten bei dem Jungen erreichen zu können. In der Folge versuchen junge Frauen hinter Beleidigungen und Belästigungen eine angeblich verborgene Absicht zu erkennen. In einem »Du blöde Ziege« wird ein vermeintlich verschüchterter Versuch der Kontaktaufnahme gesehen. Daran lernen auch Jungen. Ihr späteres Verhalten Frauen gegenüber wird sich an diesen Erfahrungen ausrichten.

Gewalt in der Partnerschaft

Manche Männer glauben, sie hätten mit dem Trauschein, mit der Erklärung einer festen Beziehung oder mit ihrer Arbeit das verbriefte Recht, ihre Partnerin zu demütigen und zu schlagen. Bedenken Sie, daß das Recht von Männern, ihre Frauen zu züchtigen, (erst) 1928 abgeschafft wurde und gewalttätiges Verhalten erst jetzt unter Strafe steht. In vielen Ehen und Beziehungen leben Frauen über lange Jahre mit Männern zusammen, die sie verprügeln und vergewaltigen – und bleiben doch bei ihrem Mann. Die Gründe dafür sind vielschichtig. Einmal bedeutet eine Trennung häufig den sozialen Abstieg der Frau. Viele alleinerziehende Frauen leben mit Unterstützung der Sozialhilfe. Dann besteht die Angst vor Einsamkeit, die Freunde und Kontakte zu verlieren, die mit der Partnerschaft verknüpft sind. Die Frau sieht durch eine Trennung erst recht eine Spirale der Gewalt auf sich zukommen. Sie glaubt, ihr Fortgang würde zu Mißhandlungen von ihr oder ihren Kindern führen. Da sie in der Beziehung bleibt und fortwährend den Einflüssen des Mannes ausgesetzt ist, verringert sich ihr Selbstwertgefühl immer mehr. Ihre Unsicherheiten verstärken sich, und ein Verlassen des Mannes wird nahezu unmöglich.
Die Frau wird zu Beginn nur kleinen Übergriffen ausgesetzt. Oftmals versucht sie Entschuldigungen für das Verhalten des Mannes zu finden. Sie glaubt, sich selbst falsch verhalten zu haben und daß sie ihren Mann irgendwie kontrollieren könnte – ein fataler Irrtum. Durch einen äußeren Auslöser kommt es irgendwann zu starken Mißhandlungen der Frau. Danach folgt eine Zeit von Freundlichkeit und Zuwendung. Er verspricht, sich in Zukunft »nie mehr hinreißen« zu lassen. Und dieses Versprechen macht es der Frau so unglaublich schwer, sich aus der Beziehung zu lösen. Eine Gewaltspirale kann damit ihren Anfang nehmen, wenn Sie nach einem körperlichen Gewaltakt einverständlichen Geschlechtsverkehr mit Ihrem Partner haben. Seien Sie sich dessen bewußt.

Die folgenden Warnsignale können Sie auf die potentielle Gefahr von sexueller Gewalt oder Gewalt innerhalb einer Beziehung hinweisen. Bedenken Sie, daß eine Beziehung eine komplexe Angelegenheit ist. Jedes Anzeichen alleine zeigt auf gewisse Tendenzen hin. Das gesamte Bild muß stimmen.

Ihr Partner droht mit Gewalt. Nehmen Sie jede Drohung ernst. Suchen Sie Beistand, wenn Sie die Ankündigung erhalten. Es ist weder Spaß noch ein Spiel. Drohungen werden in vielen Fällen in die Tat umgesetzt. Auf die Versicherung, daß es nie tatsächlich dazu kommen wird, können Sie sich nicht verlassen.

Ihr Partner ist davon besessen, Sie zu beherrschen oder zu kontrollieren. Erforschen Sie die Einstellung Ihres Partners gegenüber Frauen. Versuchen Sie, seine Meinung hinsichtlich Gleichberechtigung zwischen Partnern oder der Findung von Kompromissen bei Entscheidungen zu ergründen. Es ist falsch, wenn Sie glauben, er »ist so, wie er ist«.

Ihr Partner ist besitzergreifend und in einem hohen Maß eifersüchtig. Eifersucht sollte sofort zum Gesprächsthema in Ihrer Beziehung werden. Sagen Sie Ihrem Partner, daß Sie sein Verhalten nicht tolerieren. Ob Sie jemanden treffen oder mit jemandem reden, ist vorrangig Ihre Angelegenheit. Wenn er etwas dagegen hat, soll er vernünftig mit Ihnen reden. Außerdem steht es ihm frei, die Beziehung zu beenden.

Wenn Sie glauben, große Eifersucht sei ein Zeichen von Liebe, sollten Sie wissen, daß unter geplanten sexuellen Gewalttaten die Eifersucht das führende Tatmotiv ist.

Sie wissen, daß Ihr Partner gegenüber einer früheren Freundin gewalttätig war. Zumindest eines seiner Elternteile neigte zur Gewalttätigkeit. Er akzeptiert und verteidigt die Anwendung von Gewalt. Sexuelle Gewalt ist oftmals Teil eines bestimmten Verhaltensmusters. Wenn Ihr Partner bereits früher gewalttätig war, steigt das Risiko, daß er auch in der neuen Beziehung zur Gewaltanwendung bereit ist. Männer sind unter Umständen so aufgewachsen, daß Gewalt ein ganz normaler Bestandteil ihres Lebens wurde.

Um diese Denkweisen zu durchbrechen, ist in vielen Fällen therapeutische Hilfe erforderlich. Entschuldigungen sind nicht ausreichend. Gewalttätige Männer hören nicht einfach auf. Der erste Schlag ist niemals der letzte.

Die folgenden Entschuldigungen oder Rechtfertigungen werden von Tätern und Beteiligten immer wieder gerne benutzt:

Der Mann schlägt nur, weil er betrunken ist. Alkohol wird eingesetzt, um Hemmschwellen zu überwinden. Er ist keinesfalls eine Entschuldigung für Gewalttätigkeit, und letztlich wird nicht jeder Betrunkene gewalttätig.

Sie hat ihn provoziert. Sie hat sich ihn doch ausgesucht. Er war im Streß, und da ist er mal »ausgeflippt«. Diese Aussagen dienen dazu, die Handlungen des Mannes zu legitimieren, der Frau die Schuld zuzuweisen und die Gewalt durch äußere Anlässe zu entschuldigen. Die Taten des Mannes sind Teile eines Mißhandlungssystems; er ist zu Beginn der Beziehung nicht offen gewalttätig, Entgleisungen werden herabgespielt, und Frauen provozieren ihn durch völlige Anpassung genauso wie durch Widerspruch.

Gewaltsame Übergriffe stellen fundamentale Verletzungen der Integrität von Frauen dar und werden erst dann aufhören, wenn die Gesellschaft die Vorgehensweise der Täter nicht mehr toleriert oder entschuldigt.

Sexuelle Belästigung am Arbeitsplatz

Belästigungssituationen am Arbeitsplatz werden gern totgeschwiegen oder wegdiskutiert. So glauben etwa 40 % aller Beschäftigten, daß sich Frauen durch sexuelle Beziehungen Vorteile im Beruf sichern. Damit existiert für viele Vorgesetzte und Personalräte das Problem nicht. Aber selbstverständlich würde im Ernstfall mit allen zur Verfügung stehenden Mitteln einer belästigten Frau geholfen werden. In Wahrheit will sich jedoch niemand in das Privatleben der Beschäftigten einmischen. Mit den Ergebnissen von Untersuchungen zum Thema sexuelle Gewalt will in Firmen kaum jemand etwas zu tun haben. Kollegen übersehen das Fehlverhalten oder nehmen es als überaus gelungenen Witz des Belästigers.

Daß hier Straftatbestände verwirklicht werden und ein Arbeitsplatzverlust droht, wird oft nicht erkannt. Verschiedene Studien zeigen, daß etwa neun von zehn Arbeitnehmerinnen bereits sexuelle Belästigungen am Arbeitsplatz erlebt haben. Das Betätigungsfeld der Täter erstreckt sich über alle Berufe. Erhebungen zufolge sind Polizistinnen, Frauen in technischen Berufen und im Baugewerbe am häufigsten diesen Belästigungen ausgesetzt. In diesen typischen Männerdomänen grenzen Vorgesetzte mit sexueller Belästigung deutlich ihr Terrain ab, und Kolleginnen solidarisieren sich mit den männlichen Tätern. Letztlich kann die sexuelle Belästigung auch eine Methode sein, um unliebsame Konkurrenz zu beseitigen und damit eine männerdominierte Arbeitswelt aufrechtzuerhalten.

Täter konzentrieren sich vor allem auf alleinstehende oder in Trennung lebende Frauen. Oftmals werden jüngere Frauen, die noch nicht lange im Betrieb sind, belästigt. Die vermeintlich schwächere Position durch eine kürzere Firmenzugehörigkeit soll damit ausgenutzt werden. Der Täter rechnet fest damit, daß sein Opfer das Verhalten nicht anprangert. Die örtlichen Schwerpunkte bilden Dienstreisen, Lehrgänge und Betriebsfeste neben den üblichen Arbeitszimmern der Opfer oder des Täters.

Gerade Betriebsfeste werden deshalb von Frauen oftmals gemieden. Die klischeehafte Vorstellung von Übergriffen in Lagerräumen oder Archiven stellt eher die Ausnahme dar. So, wie auch bei allen anderen sexuellen Gewaltformen, sind die Täter völlig normale Durchschnittsmänner. Sie sind im Schnitt über zwanzig Jahre älter als die Frauen und im Gegensatz zu den Opfern schon sehr lange in der Firma.

Die Belästiger rekrutieren sich in etwa aus folgenden Bereichen:

- ▶ 40 % Kollegen
- ▶ 20 % Vorgesetzte
- ▶ 15 % Kunden und Patienten
- ▶ 5 % Kolleginnen
- ▶ 5 % Ausbilder

Die restlichen Belästiger finden sich im Betriebs- oder Personalrat und innerhalb der Gruppe von Männern, die ihren weiblichen Vorgesetzten zu nahe treten.

Jutta bewirbt sich als Sachbearbeiterin in einer kleinen Software-firma. Der Job wurde vom Arbeitsamt vermittelt. Während des Einstellungsgesprächs macht der Chef eindeutige Angebote. Jutta sollte sich doch einmal mit ihm nach Feierabend treffen. Wenn man sich dann nähergekommen sei, könne nochmals intensiv über eine Arbeitsaufnahme gesprochen werden.

Sybille, Krankenschwester, schildert die permanente Belästigung durch Patienten. Wenn sie ihnen zu nahe kommt, beginnen sie, sie zu befummeln. Die verbale Anmache hört Sybille schon gar nicht mehr.

So schwierig es für Frauen schon ist, sich im privaten Bereich zu wehren, so schwierig ist es für sie auch im beruflichen Alltag. Und auch dort versucht das Opfer, die Belästigung nach außen hin zu ignorieren. Denn so muß sie sich nicht mit dem Täter und ihrer eigenen Unzulänglichkeit, dem Belästiger entgegentreten zu können, auseinandersetzen. In aller Deutlichkeit: Ignorieren hilft nicht, einen Übergriff zu beenden, als ungewollt zu klassifizieren oder eine Wiederholung zu verhindern. Das gleiche gilt für ein scherzhaftes Umgehen mit der Belästigung. Erinnern Sie sich an folgende Werbeszene? Eine Frau wird von einem männlichen Kollegen im Großraumbüro körperlich belästigt. Die »ausgefuchste« Kaffeetrinkerin gießt ihm »aus Versehen« Kaffee über die Hose. Alle anwesenden Frauen beginnen (hinter vorgehaltener Hand) zu lachen. Das »pfiffige Verhalten« hat sie selbstverständlich nur dem Genuß einer bestimmten Kaffeemarke zu verdanken. Glauben Sie, daß das Überschütten von Kaffee dem Mann sein Fehlverhalten in geeigneter Weise vor Augen führt? Bedenken Sie, daß dem Mann durch das Ignorieren oder den scherzhaften Umgang mit einer Belästigung nicht deutlich gemacht wird, daß Sie nicht wollen, daß er Sie belästigt. Kritiker dieser Auffassung mögen sagen, daß doch jeder Mann auch ohne eindeutige Abwehrsignale wissen muß, wann er eine Grenzüberschreitung begeht.

Wenn für eine Vergewaltigungssituation rechtlich gesehen mittlerweile ein NEIN auch ein NEIN ist, so gilt das im Alltag noch lange nicht. Gerade ältere Semester sind es gewohnt, schwache Abwehrsignale von Frauen zu ignorieren, um das Interesse beim Gegenüber zu wecken. Der Mann will mit seinem penetranten Verhalten und der wiederholten Belästigung seine Ernsthaftigkeit dokumentieren. Auch bei Frauen ist der Drang zur Verleugnung der Belästigungssituation verbreitet. Obwohl sie es besser wissen, möchten sie die häßliche Wirklichkeit nicht sehen. Die Konfrontation mit Scham- und Angstgefühlen ist nicht gewünscht. Um eine Erklärung für das Verhalten des Mannes zu finden, ist jedes Mittel recht. Die Frau, die Interpretationen sucht, möchte ihrer Sozialisation entsprechend handeln und sich um das Wohlergehen des Mannes kümmern. Damit soll ihre Angst und Verwirrung beseitigt werden. Ihr kommen dann Gründe in den Sinn wie: »Dem geht es nicht so gut, der hat gerade eine Trennung hinter sich.« »Der hat zuviel Alkohol getrunken.« Oder: »Der ist verheiratet, der meint das nicht so.« Mit solchen Scheinargumenten wird versucht, das Verhalten des Mannes zu rechtfertigen. Dies hat den angenehmen Nebeneffekt, daß die Frau nunmehr keine Schritte gegen das Verhalten des Täters unternehmen muß. Sie hat bereits selbst die Erklärung für die »natürliche« Reaktion des Mannes geliefert. Sie zieht sich zurück, vermeidet die direkte Konfrontation und beginnt zunächst, das Verhalten zu verdrängen. Das Schweigen der Frau ist letztlich die Macht der Belästiger.

Dem Verhalten der Kolleginnen, an die sich die betroffene Frau wendet, kommt eine große Bedeutung zu. Je nachdem, wie groß deren Wissen um sexuelle Belästigung und die Folgen ist, desto qualifizierter kann eine gegebene Hilfestellung ausfallen. Gutgemeinte Ratschläge wie »Hör doch einfach weg«, »Da ist doch nichts dabei« oder »Was ist schon groß passiert?« schaden mehr, als sie nützen. Die Helferinnen wollen sich selbstverständlich nicht näher mit Gefühlen wie Wut, Ekel und Angst auseinandersetzen. Die betroffene Frau fühlt sich dann jedoch nicht mehr ernst genommen. Auch auf einen Vorschlag wie: »Knall ihm doch eine«, sollten Sie sich keinesfalls ungeprüft einlassen. Was auf der Straße, bei einem Fremden oder im Bekanntenkreis noch Wirkung zeigen kann, schießt im Arbeitsalltag unter Umständen über das Ziel hinaus. Der Verlust des Arbeitsplatzes kann für die betroffene Frau die Folge sein. Denn Handgreiflichkeiten unter Kollegen gelten als Kündigungsgrund. Den Griff an Ihren Po hat vielleicht niemand gesehen, den Schlag in sein Gesicht aber jeder gehört.

Wendet sich das Opfer mit der Bitte um Hilfe an die Personalvertretung, den Betriebsrat oder Vorgesetzte, erfährt es oft ausgeprägte Zurückhaltung. Was in der Theorie und im Planspiel noch mit großer Intensität verfolgt wird, gestaltet sich in der Realität äußerst schwierig und träge. Zunächst muß eingehend geprüft werden, ob die Anschuldigungen den Tatsachen entsprechen. Dies endet oft damit, daß die Frau beweisen soll, daß wirklich etwas geschehen ist. Daß solch eine Verfahrensweise unzulässig ist, kümmert niemanden. Es muß die Versicherung der Frau genügen, daß es einen Vorfall gegeben hat. Die Parteien befinden sich nicht in einem Strafprozeß, in dem die Frau die Funktion des Anklägers, also der Staatsanwaltschaft übernehmen soll. Der betreffende Mann ist vielmehr gefordert, Beweise zu liefern, daß er nicht belästigt hat. So wie es im Zivilrecht üblich ist.

Denken Sie doch einmal an die möglichen Folgen für eine Frau in einem Betrieb, wenn sie diese Anschuldigung einem Mann gegenüber äußert. Glaubt irgendein Mensch ernsthaft, daß eine Frau diesen Spießrutenlauf in Kauf nimmt, um Fehlanschuldigungen auszusprechen? Der Frau ist folglich Glauben zu schenken.

Die Folgen von Belästigungen am Arbeitsplatz sind denen der sexuellen Belästigung vergleichbar. Wieder ist es von großer Bedeutung, wie stabil die Psyche des Opfers ist. Je instabiler sie ist, desto gravierender sind die Konsequenzen für die Frau.

Es gibt jedoch eine Eigenart des besonderen Umfelds Arbeitsplatz. Etwa die Hälfte aller Opfer hat konkrete Nachteile am Arbeitsplatz. Nach Bekanntwerden in der Firma ist die erste Reaktion das Gerede von Kolleginnen und Kollegen um Opfer, Tat und Täter. Jeder weiß etwas, und jeder weiß es etwas besser. Den Kolleginnen würde so etwas selbst natürlich nie passieren, und es ist ja allgemein bekannt, wem üblicherweise so etwas passiert. Ab dem Moment, wenn es zu Sanktionen gegenüber dem Täter kommt, wandelt sich oftmals das Bild. Das Opfer wird zur Verfolgerin, und der Täter wird zum Opfer.

Werden Vorgesetzte zurückgewiesen, stellen sie möglicherweise die Belästigung ein, schwenken dann aber auf ein schikanöses Verhalten um. Die Palette reicht von Zurechtweisungen, Kritik an guter Arbeit, Vorgabe von angeblichen Arbeitsmängeln, der Vergabe von unangenehmen Arbeiten bis hin zu negativen Zeugnissen. Das Betriebsklima kann sich derart verschlechtern, daß die Opfer die Firma freiwillig verlassen. Ganz zu schweigen von einem enorm hohen Krankenstand, den belästigte Frauen aufweisen. Die Kündigung muß nicht immer Folge eines schlechten Betriebsklimas sein. Es ist auch möglich, daß die Belästigung selbst für die Frau unerträglich wird.

Silke beginnt ihre Ausbildung in einer Rechtsanwaltskanzlei. Mit ihr sind noch zwei Frauen in dem Sekretariat der Kanzlei beschäftigt. Der Rechtsanwalt befummelt Silke. Zunächst verunsichert, vertraut sie sich einer Kollegin an. Obwohl sie zunächst sehr verständnisvoll wirkt, schneidet sie Silke ab diesem Zeitpunkt. Auch die Belästigungen hören plötzlich auf.

Zwei Wochen später, kurz vor Ende der Probezeit, wird sie zu einem Gespräch mit dem Rechtsanwalt gebeten. Als sie den Raum betritt, wird ihr eröffnet, daß ihre Leistungen unzureichend sind und das Lehrverhältnis beendet wird. In einem anderen Betrieb kann Silke ihre Ausbildung jedoch fortsetzen und besteht ihre Prüfung mit Bravour. An ihrer Leistung lag es offenbar nicht.

Der Gesetzgeber und auch die Justiz bietet den geschädigten Frauen mittlerweile immer größere Rückendeckung. Besonders hervorzuheben ist der Beschluß des Bundesarbeitsgerichts vom 09.01.1986 (AZ. 2 ABR 24/85). Das Gericht stellt darin fest, daß sexuelle Belästigung am Arbeitsplatz ein Grund zur fristlosen Kündigung des Täters ist. Diese Kündigung kann auch ohne vorherige Abmahnung ausgesprochen werden. Dies gilt auch für Belästigungen, die bereits länger bekannt sind. Die Feststellung des Bundesarbeitsgerichtes bedeutet jedoch leider nicht, daß alle Arbeitgeber danach handeln müssen. Im Gegenteil, die Vormachtstellung der Männer wird möglichst nicht angetastet. Daher wird die Entlassung des Täters die Ausnahme bleiben.

Sie werden sich nach diesen Ausführungen fragen, wie Sie Belästigungen im Arbeitsalltag begegnen oder die Übergriffe beenden sollen. Davon ausgehend, daß nicht nur Arbeitnehmerinnen in diesem Buch lesen, zunächst ein Appell an die Arbeitgeberseite oder an Frauen in Führungspositionen. Der Arbeitgeber muß gegenüber seinen Beschäftigten zweifelsfrei darlegen, daß in seinem Betrieb oder Bereich keine sexuelle Belästigung geduldet und in aller Konsequenz sanktioniert wird. So wie er für die Gesundheit seiner Arbeitnehmerinnen mitverantwortlich ist, ist er auch zuständig für die Unterbindung von Übergriffen. Denn Belästigung macht krank, die Arbeitsleistung vermindert sich, und schließlich verläßt das Opfer die Firma. Damit ist zwar diese »unproduktive« Arbeitskraft entfernt, der Belästiger sitzt jedoch wie ein Kukkucksei in der Firma, schaut sich nach der nächsten Frau um und setzt seine »Späße« ungehindert fort. Möglicherweise kennen Sie in Ihrem Bereich keine Beschwerden über sexuelle Belästigungen. Dann sollten Sie jedoch in Betracht ziehen, daß Ihre Beschäftigten höchstwahrscheinlich kein hinreichendes Vertrauen zur Betriebsleitung haben.

Leider gibt es für die Arbeitnehmerin auch hier kein Patentrezept, das sie über jede Situation überstülpen kann. Im Gegenteil, es kann gefährlich sein, auf die Empfehlung der Kollegin zu hören, jede Belästigung mit einer Ohrfeige zu quittieren. Aber das wissen Sie bereits selbst. Beginnen Sie vielleicht damit, daß Sie bestimmte Ideen aus Ihren Gedanken verbannen. Sexuelle Übergriffe sind keine Bagatellen, die Sie stillschweigend dulden müssen. Sie sind stark genug, um sich dagegen zur Wehr zu setzen, Sie machen nichts verkehrt, und Sie haben auch das Recht, Ihre Interessen zu vertreten. Sprechen Sie mit anderen Frauen über Ihre Erfahrungen. Sie werden spüren, daß Sie mit den Erlebnissen und Ihren Gefühlen nicht allein sind. Bereiten Sie sich auf ein Gespräch mit dem Belästiger vor. Sie werden in einer solchen Aussprache das Fehlverhalten möglichst genau bezeichnen müssen.

Nehmen Sie an, ein Mann spricht in Ihrer Gegenwart von dem »geilen« Wochenende, an dem er eine »Discomaus« mal so richtig »durchgefickt« hat. Dabei grinst er Sie noch unverschämt an.

> **STOP**
> Bevor Sie weiterlesen, nehmen Sie sich die Zeit, versetzen sich in die Situation der betroffenen Frau und überlegen sich, was Sie dem Mann sagen würden.

Wenn Sie sein Verhalten verurteilen wollen und sich zu einem Gespräch entschließen, könnten Sie beispielsweise sagen:

»Herr X, ich schätze Ihre hilfsbereite Art, wenn es um Probleme mit der Ablage geht. (Pause, mit Gelegenheit zur Erwiderung des Herrn X.) Am Montag haben Sie im Kaffeezimmer über Ihr Wochenende gesprochen. Dabei sind Worte wie »eine Discomaus durchgefickt« gefallen. Ich konnte sehen, daß Sie mich dabei anlachten. Diese Ausführungen sind frauenverachtend, und ich fühle mich dadurch massiv gestört. Damit kommt zum Ausdruck,

daß Frauen als Sexualobjekte benutzt werden. Auch wenn die Frau freiwillig mitgemacht hat und sich Ihre Aussage nicht auf mich bezog, fühle ich mich als Frau persönlich berührt und möchte, daß Sie in meiner Gegenwart diese Worte nicht mehr benutzen. Sollte das nochmals vorkommen, werde ich mit Kollegen und Kolleginnen darüber sprechen.
Ich möchte jetzt mit Ihnen über die Urlaubsplanung für das kommende Jahr sprechen ...«

Welche Worte Sie auch wählen, machen Sie dem Belästiger deutlich, daß Sie sein Verhalten nicht dulden werden. Die Kritik wird in zwei andere Themen eingebettet. Durch die Äußerung über seine hilfsbereite Art wird eine gute Gesprächsbasis geschaffen. Ein solches Lob sollten Sie allerdings nur aussprechen, wenn sich Herr X wirklich so verhält. Ansonsten kommt er sich von Ihnen veralbert vor. Geben Sie ihm die Gelegenheit zu einer kurzen Erwiderung. Dann sprechen Sie offen seine Belästigung an. Anschließend leiten Sie unverzüglich auf ein anderes Thema um. Vermeiden Sie eine Diskussion über den sexuellen Übergriff. Oder darüber, ob Sie zu empfindlich sind oder nicht ausreichend Humor besitzen. Bleiben Sie unzugänglich, solange nur Rechtfertigungen von ihm geäußert werden. Sollte er sich entschuldigen wollen, geben Sie ihm dazu Gelegenheit, und zeigen Sie sich gesprächsbereit.
Die Vorbereitung für das Gespräch kann durch ein Rollenspiel mit einer Freundin oder Ihrem Partner erfolgen.
Vielleicht sind Sie der Meinung, daß mein Vorschlag zu freundlich ist. Es ist außerordentlich wichtig, Konfrontation weitestgehend zu vermeiden. Darum ist eine intelligente Form der Kritik gefragt. Mit unüberlegten Sprüchen loslegen hilft hier nicht weiter.
Bedenken Sie, daß wiederholte Belästigung von der Tabuisierung durch das Opfer lebt. Die Angst vor beschämenden Situationen und der peinlichen Lage während der Erörterung darf Sie nicht daran hindern, das Verhalten anzuprangern. Und es ist nie zu spät, sich zu wehren.
Eine weitere Möglichkeit, gegen den Übergriff vorzugehen, bietet ein Briefwechsel mit dem Belästiger. Dieses Verfahren kann offen

oder anonym gestaltet werden. Die anonyme Möglichkeit sollte zeitlich etwas versetzt zu einem Vorfall erfolgen. Ansonsten ist es nicht mehr anonym. Fertigen Sie ein Schreiben, das Sie auf *jedem* Arbeitsplatz und am Aushang anbringen. Diese Mitteilung könnte so aussehen: »Achtung, in diesem Betrieb gibt es einen männlichen Kollegen, der Kolleginnen an den Po faßt. Er wird dabei beobachtet.« Wenn sich daraufhin nichts ändert, nennen Sie bei der zweiten Auflage den Namen des Täters. Beachten Sie, daß Sie *niemandem* von Ihrer Maßnahme erzählen. Egal, was der Täter gemacht hat, durch das öffentliche Moment kann es zu Solidarisierungen im Betrieb kommen. Und Kolleginnen, die zu Ihnen hielten, schlagen sich plötzlich auf die Seite des Täters. Notieren Sie sich genau, wann, wo und welche Belästigungen vorgekommen sind. Bewahren Sie die Notizen zu Hause, auch über das Ende Ihres Arbeitsverhältnisses hinaus, auf. Sie können nicht wissen, wann Sie diese Aufzeichnungen noch einmal benötigen.

Sie können auch einen Brief direkt und mit Ihrem Namen versehen an den Täter schicken. Das bietet Ihnen die Möglichkeit, mit einer guten Vorbereitung einen nachvollziehbaren Vorgang zu haben. Mißverständnisse, die durch eine sprachliche Klärung entstehen können, werden vermieden.

Das Schreiben erspart das Gespräch, wenn es Ihnen große Probleme bereitet. Der Täter weiß unter Umständen die Diskretion zu schätzen. Beim Schreiben können Sie sich an meinem Vorschlag für das klärende Gespräch orientieren. Wie der betreffende Mann auf Ihre Schreiben reagiert, ist jedoch nur schwer abzusehen.

Frauen, die im Betrieb außerhalb von Gruppen stehen, Einzelgängerinnen sind und schwach wirken, werden vorrangig Opfer von Belästigungen. Wenn Sie in einer solchen Situation sind, versuchen Sie, sich in vorhandene Gruppen zu integrieren oder versuchen Sie, eine eigene Gruppe entstehen zu lassen. Eine Gemeinsamkeit ist schnell gefunden. Selbst wenn es nur die Vorliebe für italienisches Essen ist und Sie gemeinsam einmal im Monat essen gehen. Wenn Sie einen sicheren Platz inmitten der Kollegen und Kolleginnen haben, sind Sie besser vor Belästigungen geschützt.

Handelt es sich um körperliche Übergriffe, können Sie lautstark nach Distanz verlangen, wenn andere Kollegen in Ihre Nähe kommen.

Sind es unverschämte Äußerungen oder Taktlosigkeiten, die Sie zur Weißglut bringen, bestehen Sie auf der Wiederholung der Aussage. Dazu können Sie beispielsweise sagen: »Wiederholen Sie bitte das gerade Gesagte laut und deutlich« oder »Erklären Sie mir bitte, was Sie damit genau meinen«. Witzige Übertreibungen oder besondere Schlagfertigkeit kann für Sie zum Bumerang werden. Mit einem: »Warum nicht, laß uns gleich loslegen«, kann der Eindruck entstehen, daß Ihnen die Belästigung nicht so viel ausmacht, Spaß bereitet oder daß Sie möglicherweise Interesse an den Vorschlägen haben. Auch die Idee, den Spieß umzudrehen und mit obszönen Bemerkungen entgegenzuhalten, kann zu Problemen führen. Hier ist ebenfalls eine falsche Auslegung Ihres Verhaltens möglich. Ihnen wird das gleiche Niveau oder Interesse am Belästiger unterstellt. Und das wollen Sie doch nicht. Sie wollen die Konfrontation vermeiden. Aber je nachdem, was sie tun oder sagen, begehen Sie selbst eine sexuelle Belästigung oder machen sich schlimmstenfalls strafbar.

Versuchen Sie, die Situation zunächst im kleinen Kreis zu klären. Zwischen Ihnen und dem Täter. Wählen Sie dazu einen neutralen Ort und eine neutrale Zeit. Ungünstig ist in jedem Fall die Phase unmittelbar nach einem Ereignis. Sie sind dann emotionsgeladen und lassen sich möglicherweise zu Fehlhandlungen hinreißen. Diese Empfehlung betrifft natürlich nicht die sofortige Zurechtweisung. Die bleibt Ihnen unbenommen.

Wenn alle ergriffenen Maßnahmen zu keinem Ergebnis führen und die Übergriffe fortgesetzt werden, bleibt Ihnen noch der Weg zu Stellen, die Hilfe anbieten (sollten). Bevor Sie diesen Weg einschlagen, überprüfen Sie nochmals eingehend, ob Sie selbst alles versucht haben. Auch wenn es Überwindung kostet. Haben Sie sich selbst geholfen, ist dies eine wertvolle Erfahrung. Helfen Ihnen andere, verlassen Sie sich möglicherweise auch in Zukunft auf andere. Die Hilfen beginnen bei Vorgesetzten, der Firmenleitung, dem Personal- oder Betriebsrat, einer Frauenbeauftragten, reichen über die verschiedensten Beratungsstellen, Pro Familia, Gewerkschaften, kommunale Frauenbeauftragte, Berufsgenossenschaften, Rechtsanwältinnen bis hin zu der strafrechtlichen und zivilrechtlichen Seite der Polizei, Staatsanwaltschaft und Justiz. Wenn Sie keine kompetenten und einfühlsamen Gesprächspartner antreffen oder Ihre Erwartungen nicht erfüllt werden, scheuen Sie sich nicht, eine andere Stelle aufzusuchen. Treffen Sie auf Vorurteile, Einseitigkeit und eingeschränkte Sichtweisen, suchen Sie sich einen anderen Ansprechpartner.

Die gesetzliche Situation gibt Ihnen recht. In der Gewerbeordnung und im bürgerlichen Gesetzbuch gibt es Bestimmungen, die vom Arbeitgeber verlangen, Frauen in Betrieben vor sexuellen Übergriffen zu schützen. Es wird ein generelles Tätigwerden verlangt, nicht erst dann, wenn bereits etwas geschehen ist. Geschieht das nicht, kann der Arbeitgeber schadenersatzpflichtig werden. Entsprechend können Ansprüche auf Schmerzensgeld entstehen. Die Verpflichtung des Arbeitgebers erstreckt sich nicht nur auf die Verfolgung von sexueller Belästigung, sondern auch auf die Vorbeugung. Wie genau diese Vorbeugemaßnahmen auszusehen haben, ist leider nicht festgelegt.

Mit dem Argument, daß es sich ohnehin nur um Einzelfälle handelt, entziehen sich vor allem Arbeitgeber der Privatwirtschaft ihren Verpflichtungen. Wissenschaftliche Untersuchungen über Intensität, Verbreitung und Häufigkeit dieser Übergriffe werden ignoriert. Das Desinteresse reicht bis zur Ausübung von Druck auf betroffene Frauen, damit sie von Beschwerden Abstand nehmen.

Das Betriebsverfassungsgesetz und die Personalvertretungsgesetze sind weitere Vorschriften, die mit einem Teil ihrer Bestimmungen die Frau vor Diskriminierungen schützen. Die Betroffene hat das Recht zur Beschwerde beim Betriebsrat. Wenn dieser die Beschwerde für berechtigt hält, wendet er sich an den Arbeitgeber. Wird dieser daraufhin nicht ausreichend tätig, kann der Betriebsrat die Einigungsstelle anrufen. Diese Stelle arbeitet sehr kostenintensiv und ist auch deshalb vom Arbeitgeber gefürchtet.

In diesem Zusammenhang machen Sie sich natürlich auch Gedanken darüber, wie schwierig es sein kann, eine solche Tat zu beweisen. Hier hilft Ihnen eine Bestimmung des Bürgerlichen Gesetzbuches. Demnach ist seitens der betroffenen Frau eine eidesstattliche Versicherung notwendig, daß die Tat so stattgefunden hat. Dann tritt eine Beweislastumkehr in Kraft, und die Gegenseite muß beweisen, daß eine Belästigung so nicht stattgefunden hat.

Das Gleichberechtigungsgesetz führt in seinen Bestimmungen genau aus, was eine sexuelle Belästigung ist, wie der Arbeitgeber vorzubeugen hat, wie Ihr Beschwerderecht aussieht und welche Maßnahmen im Ereignisfall getroffen werden können. Das geht bis zur sogenannten Leistungsverweigerung durch die betroffene Frau. Sie muß nicht mehr zur Arbeit erscheinen, wenn die Firma nichts getan hat, um der Belästigungssituation Einhalt zu gebieten. Die Vorschriften des Gleichberechtigungsgesetzes sind in jedem Betrieb zur Einsicht auszulegen oder auszuhängen.

Eine Garantie, daß der Weg zu Betriebsrat oder Personalvertretung hilft, gibt es nicht. Wenn Sie bereits Ihre eigenen Möglichkeiten ausgeschöpft haben, kommt es auf einen Versuch an.

Versuchen können Sie sich auch an den Rollenspielen, die ich Ihnen im Zusammenhang mit sexueller Belästigung am Arbeitsplatz im Kapitel »Verhaltensänderung« zusammengestellt habe.

Eine wichtige Sache noch: So schwer es fällt, trennen Sie weitestgehend zwischen Arbeitsplatz und Privatleben. Wenn Sie Ihre Probleme mit nach Hause tragen, geht das unter Umständen nur eine Weile lang gut. Ihre Bekannten und Verwandten versuchen Ihnen mit Rat zur Seite zu stehen. Auf lange Sicht ist es ihnen jedoch nicht möglich, zu helfen. Da wir alle die Angewohnheit haben, uns mit unangenehmen Gefühlen wie Hilf- und Ratlosigkeit nicht beschäftigen zu wollen, wenden sie sich von Ihnen ab.

Nonverbale Auseinandersetzungen

Versuchen Sie, sich die Sekunden vor einer typischen Wirtshausschlägerei vorzustellen. Oder zumindest das, was Sie dafür halten. Sehen Sie in Gedanken die beiden Streithähne (wahrscheinlich beides Männer), wie sie sich vor dem körperlichen Kontakt anschauen, wie Drohgebärden benutzt werden und die Augen kampflustig (oder angstvoll) funkeln?

Die »nichtsprachliche« Auseinandersetzung mit dem Gegenüber geht einer jeden verbalen Auseinandersetzung voraus. Gleichzeitig unterstützt sie im Moment des sprachlichen Konflikts den Ausdruck. Sie bestimmt zum größten Teil, wie das gesprochene Wort wirkt. Die nonverbale Mitteilung steht immer in Beziehung zur verbalen Sprache. Das gesprochene Wort wird zur leeren Worthülse, wenn das Verhalten und Auftreten nicht dazu paßt. Durch die Verwendung von Körpersprache und sprachlichem Ausdruck nutzen Sie zwei Wege, um Zugang zu Ihrem Gesprächspartner zu finden. Damit werden Mißverständnisse reduziert, und wichtige Informationen bleiben erhalten. Richtig angewandt, kann die Körpersprache für Sie einspringen, wenn Ihnen mal »die Worte fehlen«.

Sie müssen sich über die Wichtigkeit von Körpersignalen klarwerden.

Dies wird vor allem durch eine Studie, die amerikanische Soziologen mit einer Gruppe von Raubstraftätern durchführten, deutlich. Diese wurden gebeten, in einer belebten Einkaufszone potentielle Opfer herauszudeuten, die sie überfallen würden. *Die Männer wählten vorzugsweise Leute aus, die bereits Opfer von Überfällen gewesen waren.* Eine ähnliche Studie wurde mit jugendlichen Straftätern in Deutschland durchgeführt. Mit dem gleichen Ergebnis. Glauben Sie nicht, daß die Straftäter die Gründe ihrer Auswahl genau benennen konnten. Die Mechanismen, die bei solchen Selektionen zutage treten, sind tief in uns versteckt. So wie sich ein

Raubtier das schwache Tier aus der Herde wählt, sucht sich der Täter das geeignete Opfer aus – die Frau, die ihm vermutlich keine große Auseinandersetzung liefern wird.

Opfersignale

Die folgenden Punkte sind Indikatoren, die einem Täter Überlegenheit signalisieren können.

Der Gang

Opfer haben eher weite oder extrem kurze Schritte. Die weiten Schritte werden mit dem inneren Verlangen erklärt, schnell zu einem sicheren Punkt zu gelangen. Bei kurzen Schritten steht Unsicherheit und die Angst, sich zu öffnen im Vordergrund. Beim typischen Opfer kann ein asynchroner Gang vorherrschen. Bei diesem sogenannten Paßgang schwingen Arme und Beine gleichseitig oder annähernd gleich. Oft heben sie die Füße eher an, als sie zu schwingen. Ein hochhackiger Schuh begünstigt diesen Gang!
Demgegenüber herrschen bei Personen, die nicht als potentielle Opfer gesehen wurden, synchrone und klare Bewegungsabläufe vor. Das bedeutet, Arme und Beine schwingen gegengleich. Rechter Arm und linkes Bein sowie linker Arm und rechtes Bein. Die Schrittweite beträgt je nach Körpergröße etwa 60 bis 80 cm.

Der Gangfaktor betrifft jedoch nur den fremden Täter, der sich sein Opfer auf der Straße sucht. Wichtig ist im sozialen Nahbereich die Körpersprache, die sie zum Opfer werden lassen kann:

Blickkontakt

Das Blickverhalten ist wohl neben der Sprache unser wichtigstes Kommunikationsmittel. Es ist Teil unseres biologischen Erbes und bereits für Kleinkinder von großer Bedeutung. Frauen, die ihren Täter nicht kannten, berichteten, sie hätten vorher die »Blicke im Nacken gespürt«.
Wir kennen dies aus dem Tierreich. Den Blick vor einem Gegner zu senken, ist gleichbedeutend mit Unterwürfigkeit und Aufgabe.

Kleine Kinder schauen weg und senken den Blick, wenn sie sich schuldig fühlen. In einer Belästigungssituation sollten Sie sich nie schuldig fühlen.

Wie bedeutungsvoll in unserer Gesellschaft ein Anschauen sein kann, stellen Sie mit einem Blick auf Reklamewände und Zeitungsanzeigen fest. Die Augen werden nicht umsonst als das Fenster zur Seele bezeichnet. Ein schnelles Wegschauen, das noch mit einem Senken des Blickes verbunden wird, ist genauso unvorteilhaft wie ein permanentes Anstarren. Ihr Blickgegner wird mit Flucht oder Angriff reagieren. Den richtigen Zeitraum zu finden ist jedoch nicht schwer.

Hierzu können Sie ein interessantes Experiment durchführen. Suchen Sie eine rote Ampel, stellen Sie sich an den Straßenrand und schauen Sie die Autofahrer starr an. Wiederholen Sie das mehrfach. Dann lassen Sie einige Fahrzeuge passieren, ohne auf die Autofahrer zu achten, die an der roten Ampel stehen. Sie werden feststellen, daß die angestarrten Fahrer ein modernes Fluchtverhalten an den Tag legen; sie werden deutlich schneller davonfahren, als diejenigen, die Sie nicht angeschaut haben.

Gestik und Mimik

Sprache und Ausdruck müssen zueinander passen. Ein hilfloses Lächeln in Bedrohungssituationen, der leicht geneigte Kopf oder hochgezogene Schultern mit einer leichten Buckelhaltung signalisieren Schwäche und Unterlegenheit. Alle Signale müssen eindeutig in die gleiche Richtung zeigen. Ihre Gestik und Mimik allein reicht im optimalen Fall schon aus, um Ihren Willen zu verdeutlichen. Das sprachliche Signal kann dann sogar weggelassen werden, und die Nachricht wird dennoch verstanden.

Einen Menschen mit leicht geneigter Kopfhaltung werden Sie als freundlich, bescheiden, demütig, ruhig, weich, ehrlich, ergeben, passiv, schwach, lieb und nachgiebig klassifizieren. Dieser Einschätzung wird auch jeder Mann folgen. Unterscheiden werden sich die Beurteilungen von Mann und Frau erst dann, wenn es sich um einen Menschen mit aufrechter Kopfhaltung handelt. Während Frauen auch hier den Menschen als sympathisch, freundlich, empfindsam, ruhig und angenehm beurteilen, sieht ein Mann die-

sen Menschen mit anderen Augen. Er klassifiziert den Menschen mit aufrechter Kopfhaltung als unangenehm, grob, laut, distanziert, hart, abweisend und stark.
Wie möchten Sie in einer Konfliktsituation wirken? Wie werden Sie zukünftig ihren Kopf halten?

Verhalten im Raum

Das Verhalten, das Sie im Raum zeigen, stellt ein eigenes Kommunikationssystem dar. Es zeigt deutlich, inwieweit Sie in der Lage sind, sich anderen mitzuteilen und Ihre Rechte einzufordern. Durch die Art der Benutzung des Raumes übermitteln Sie deutliche Informationen an Ihr Gegenüber.

Es ist für mich in öffentlichen Veranstaltungen immer wieder interessant zu beobachten, wie das Raumverhalten von Frauen allgemein von dem der Männer abweicht; im Kino, Theater oder auch im Flugzeug. Ist nur eine Armlehne für zwei sich fremde Personen vorhanden, zieht sich die Frau oft zurück und hält ihre Arme direkt am Körper, während der Mann die Armlehne beansprucht und bekommt. Selbst wenn es zu Beginn einer Kinovorstellung anders war. Am Ende benutzt der Mann die Armlehne.

Wenn sich zwei Menschen begegnen, müssen sie entscheiden, wie nahe sie einander kommen wollen. Es gibt zunächst sichtliche kulturelle Unterschiede. So kommen sich Araber und Lateinamerikaner deutlich näher als Amerikaner oder Europäer. Von einer intimen Distanz spricht man bei Körperkontakt bis etwa 50 cm Abstand. Diese Entfernung ist zwischen bekannten Menschen üblich, die sich gut vertraut sind. Kommen uns andere Menschen so nahe, beispielsweise in öffentlichen Verkehrsmitteln, reagieren wir mit Anpassungsleistungen. Das kann ein Armeverschränken, das Vermeiden von Blickkontakt, eine abgewandte Körperhaltung oder ein schützendes Lesen sein. Die persönliche Distanz bis etwa 120 cm wird für persönliche Gespräche gewählt, gilt im Freundeskreis und stellt die persönliche Schutzzone dar.
Das ungewollte Eindringen in diese Zone ist für die betreffende Person bereits unangenehm, und sie versucht, wieder die ur-

sprüngliche Entfernung zu erreichen. Leider ist gerade bei vielen Frauen das natürliche Gefühl für diese Schutzzone verlorengegangen.

Auch hier können Sie mit einem kleinen Versuch die Bedeutsamkeit des Raumverhaltens in Kombination mit dem Blick testen. Gehen Sie eine Straße entlang und nehmen Sie sich jeden dritten oder vierten Passanten als Versuchsperson. Schauen Sie die Person an, bis Sie sich auf etwa drei Meter genähert haben, und blikken dann in eine andere Richtung. Wiederholen Sie das etwa zehnmal. Schauen Sie danach die Passanten an, bis diese an Ihnen vorbeigegangen sind. Sie werden feststellen, daß die Personen der zweiten Gruppe zum Großteil verwirrt versuchen, zu Ihnen Kontakt aufzunehmen. Denn ein intensiver Blickkontakt in dieser Zone kommt oft nur unter Freunden vor. Fremde schauen sich nicht so intensiv an. Und die fremden Passanten werden sich verzweifelt fragen, warum Sie ihnen bekannt vorkommen.

Ignoranz

In Bedrohungssituationen versuchen Frauen oft, nicht auf die Belästigung zu reagieren. Während Sie denken:»Wenn ich nicht reagiere, wird er wohl merken, daß ich nicht an ihm interessiert bin. Außerdem ist damit diese unangenehme Situation schnell und ohne Streit zu Ende«, erkennt Ihr Gegenüber Ihr passives Verhalten nicht als NEIN. Es wird als Schwäche, Angst oder schlimmstenfalls als Interesse eingeordnet.

Die weibliche Entwicklung zur Schlichtung und Abwehr von Kritik und Ärger trägt wieder einmal Früchte. Diese Vermeidungsstrategie dient jedoch in keiner Weise dazu, dem Mann eine deutliche Botschaft zu senden.

Anti-Opfersignale

Während eines Selbstbehauptungstrainings beobachteten die Teilnehmerinnen, die bereits einen Parcours begangen hatten, eine nachfolgende Frau. Die Teilnehmerinnen schauten dazu durch eine Glasscheibe und hörten nicht, was gesprochen wurde. Sie sahen Claudia, die mit herunterhängenden Armen sehr dicht vor einem Mann stand und sich mit ihm unterhielt. Nach etwa einer Minute Gespräch trat sie unvermittelt in die Hoden des Mannes. Sie hörten nicht die massiven Beleidigungen und Bedrohungen, die zuvor seitens des Trainers ausgesprochen wurden. Durch die gezeigte Körpersprache erkannte keine der Zuschauerinnen eine Bedrohungs- oder Belästigungssituation.

> **STOP**
> Bevor Sie weiterlesen, nehmen Sie sich die Zeit und stellen Sie sich vor, die Situation wäre real gewesen und die Zuschauerinnen unbeteiligte Zeugen.

Die Zeugen werden deshalb vor Gericht versichern können, daß offensichtlich kein Grund vorlag, sich zu verteidigen und den Mann zu treten. Gehört haben sie nichts, und Vermutungen sind vor Gericht wenig gefragt. Achten Sie deshalb darauf, auch durch Ihre Körpersprache eindeutig Ablehnung zu signalisieren. Deshalb:

▶ Stimmen Sie Ihre Mimik und Gestik aufeinander ab. Üben Sie mit einer Freundin, Ihrem Lebensgefährten oder vor dem Spiegel. Stellen Sie sich eine für Sie ärgerliche Situation vor. Einen Moment, in dem Sie außer sich sind und kurz vor dem Explodieren stehen. So, wie Sie dann aussehen, schauen Sie Ihren Gegner an. Günstig ist es, wenn Sie jetzt selbst Angst vor sich bekommen. Falls Sie die Möglichkeit haben, zeichnen Sie sich in verschiedenen gestellten Situationen auf Video auf und kontrollieren sich selbst.

▶ Lächeln Sie nicht permanent und versuchen Sie nicht, andauernd freundlich zu sein. Ein Ihnen entgegengebrachtes freundliches Lächeln kann sich recht schnell in ein unverschämtes Grinsen verwandeln.

▶ Schauen Sie Ihrem Gegenüber fest in die Augen. Wenn Sie in eine andere Richtung sehen wollen, senken Sie dabei nicht Ihren Blick. Denken Sie daran, nicht zu lange zu schauen. Etwa zwei bis drei Sekunden genügen vollkommen.

▶ Daß sich der eine oder andere Mann durch das zwei bis drei Sekunden dauernde »Fixieren« animiert fühlen soll, oder daß bestimmte Volksgruppen dies als Provokation auffassen, müssen diese in Kauf nehmen. Das ist deren Problem, nicht Ihres.

▶ Fällt es Ihnen schwer, der Bedrohung direkt in die Augen zu blicken, schauen Sie ihm auf die Nasenwurzel. Ein gerader, offener und wachsamer Blick zeigt dem Aggressor: »Ich habe dich im Blick«, »Du bist unter Kontrolle«, »Ich habe keine Angst vor dir«.

▶ Wenn Sie demonstrativ wegschauen und jeden Blickkontakt vermeiden, zeugt dies nur von Unsicherheit.

▶ Wenn Sie sprechen, versuchen Sie sich einen bestimmten Tonfall in der Stimme anzugewöhnen. Dies muß nicht laut sein. Auch leise Sprache kann nachdrücklich klingen.

▶ Ballen Sie Ihre Fäuste. Ihre Anspannung wird zu sehen sein.

▶ Ein Distanzverlangen muß durch Vergrößerung Ihrer schützenswerten Sphäre unterstützt werden. Strecken Sie Ihren Arm in Richtung Brust oder Hals des Aggressors. Vermeiden Sie hierbei Berührungen.

▶ Der aufrechte Gang und ein aufrechter Stand sollte für Sie selbstverständlich sein. Sie können Ihre Haltung schon verbessern, wenn Sie während des Gehens Ihr Gesäß anspannen.

▶ Auch der Körper hat Einfluß auf den Geist, nicht nur umgekehrt. Machen Sie sich diese Wechselwirkung zunutze. Stehen Sie mit beiden Beinen fest auf dem Boden, die Füße etwas auseinander. Ihre Stimme wird sich ändern, und Sie werden sich sicherer fühlen.

▶ Nehmen Sie die Hände aus den Taschen, diese schränken im Notfall Ihre Bewegungsfreiheit ein.

Aber vergleichen Sie selbst die beiden folgenden Bilder. Der Mann fragt die Frau nach der Uhrzeit. Obwohl sie durch seinen geringen Abstand ein ungutes Gefühl hat, schützt sie ihre Sphäre nicht. Sie sehen zunächst einen groben Distanzfehler durch einen zu engen Kontakt.

Im zweiten Bild unterstützt sie ihre Forderung nach Distanz mit ihrer ausgestreckten Hand.

Vor einigen Jahren lagen die beiden folgenden Zeichnungen auf meinem Schreibtisch. Mein damals vierjähriger Sohn kam in mein Büro. Ich fragte ihn: »Was glaubst du, welche Frau stärker ist?« Was glauben Sie, was er gesagt hat?

Es genügt allerdings nicht, mit geballten Fäusten aufrecht durch die Gegend zu laufen.
Solange Ihre Grundeinstellung nicht stimmt und Sie Demütigungen hinnehmen, weiß ein Provokateur sofort, daß er ein typisches Opfer vor sich hat.

Abb. 1 Distanzfehler durch zu engen Kontakt zum Aggressor

Abb. 2 Richtige Distanz durch Unterstützung mit der Hand

Aber wie sieht das in der Realität aus? Geht es nicht viel zu schnell, als daß man rechtzeitig etwas tun könnte? Betrachten Sie mit mir den typischen Weg, den eine Auseinandersetzung nehmen kann. Ich habe Ihnen die Situation in einzelne Sequenzen geteilt. Damit wird deutlich, wie oft ein anderer Weg eingeschlagen werden kann und wie oft die Möglichkeit besteht, zu handeln.

Eine Frau steht an einer Haltestelle, hat rechts und links neben ihren Beinen eine Einkaufstüte stehen und wartet auf den Bus.
  1. Aktion: Ein Mann kommt hinzu und stellt sich sehr nahe ne-

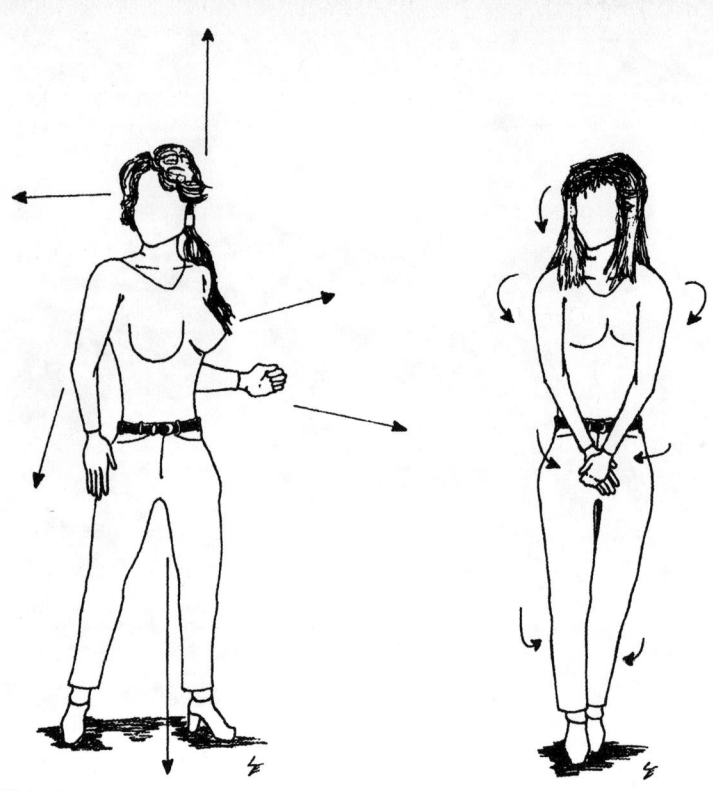

Abb. 3

ben die Frau. (Von Schulter zu Schulter etwa 20 cm. Messen Sie einmal, wie nahe das ist.) Ihre Hände berühren sich fast.

2. Aktion: Die Frau räuspert sich und schaut kritisch zu dem Mann.

3. Aktion: Der Mann bemerkt den Blick und das Räuspern, grinst zurück und bleibt stehen.

4. Aktion: Die Frau verhält sich ruhig und akzeptiert damit die Distanzverletzung.

5. Aktion: Der Mann rückt noch näher und berührt die Frau kurz am Bein.

6. Aktion: Die Frau stellt ihr Bein wenige Zentimeter weg. Dabei beginnt eine der abgestellten Taschen zu kippen.

7. Aktion: Der Mann kommt wieder näher und berührt sie erneut.

8. Aktion: Die Frau fragt: »Sagen Sie mal, müssen Sie mir so nah auf die Pelle rücken?«

9. Aktion: Der Mann schaut die Frau erstaunt an, sieht sich kurz um und fragt: »Was ist los?«

10. Aktion: Die Frau antwortet nicht, schüttelt mit dem Kopf und schaut demonstrativ in eine andere Richtung.

11. Aktion: Nach wenigen Sekunden berührt der Mann die Frau erneut.

12. Aktion: Die Frau fragt: »Also hören Sie mal, können Sie Ihre Finger nicht bei sich behalten?«

13. Aktion: Der Mann antwortet: »Nein, wenn ich so eine hübsche Frau sehe, kann ich mich nicht beherrschen.«

14. Aktion: Sie sagen: »…«

Dürfte diese bedrohte Frau irgendwann sagen: »Ich konnte nichts tun!«? Wissen Sie jetzt, was ich meine, wenn Sie von mir aufgefordert werden, die Situation frühzeitig zu unterbrechen? Welchen Sinn macht es tatsächlich, auf ein Ende der Bedrohungssituation zu warten? Nehmen Sie das Ruder in die Hand, und gehen Sie gestärkt aus einer solchen Auseinandersetzung hervor. Wenn Sie jedoch zu lange warten, wird die Situation immer bedrohlicher, und für kommende Ereignisse baut sich eine unbegründete Angst auf. Wir können nicht davon ausgehen, daß alle Menschen ständig lieb und nett zu uns sind. Zeigen Sie Ihre Haltung eher zu früh als zu spät. Durch die eindeutige Kombination von sprachlichem Ausdruck und nonverbalem Verhalten demonstrieren Sie eindeutig, was Sie möchten.

Der bedeutendste Faktor in einem System sind die unterschwelligen Gefühle, die es beherrschen.

Verbale Auseinandersetzungen

Die sprachliche Auseinandersetzung ist die mögliche Folge eines nonverbalen Konflikts. Der Täter hat sich von dem Verhalten der Frau nicht beeindrucken lassen oder die Frau hat unzureichende beziehungsweise zweideutige Signale gesendet. Lernen Sie jetzt die Möglichkeiten der sprachlichen Auseinandersetzung kennen.

Eine 28jährige Frau betritt ihr eigenes Haus (Mehrfamilienhaus). Es ist 22.00 Uhr, und sie kommt von der Arbeit nach Hause.
»Es betrat eine weitere Person mit mir den Fahrstuhl. Ich schenkte ihr keine weitere Beachtung. Ich stieg in meinem Stockwerk aus und ging zu meiner Wohnungstür, die ich öffnete. Dann hörte ich eine Stimme hinter mir. Ich sah den Mann aus dem Fahrstuhl hinter mir stehen. Er begann mit: »Darf ich dich mal was fragen?« Ich antwortete: »Was denn?« Er fragte mich daraufhin, ob ich mit ihm eine Nummer machen wolle. Mit einem entrüsteten »Wie bitte?« lehnte ich ab. Er erwiderte noch: »Ach, bitte komm!« Dann griff er mir an die Brust. Ich rief ihm dann laut zu, daß er verschwinden solle. Er lief dann auch sofort weg ...«
(Originalschilderung aus einer Strafanzeige.)

Im obigen Beispiel gibt es keinen Satz, der exakt beschreibt, was die belästigte Frau wirklich will. Ihr »Wie bitte?« drückt weder Ablehnung aus, noch beschreibt es, daß hier ein ungewollter Vorgang stattfindet. Sprache aber muß genau und unmißverständlich beschreiben, was gewollt ist. Es liegt in der Verantwortlichkeit des Senders, daß seine Nachricht einwandfrei aufgenommen wird. Sprache dient dem Ausdruck von Meinungen, Wünschen und Forderungen.
Damit findet eine bewußte oder unbewußte Manipulation des Empfängers statt. Deshalb senden Sie überhaupt eine Nachricht.

Der andere soll sich in einer bestimmten Art und Weise verhalten. Diese Beeinflussung muß Ihre Interessen vertreten, denn in Bedrohungssituationen ist die Meinung oder der Wunsch des Aggressors unwichtig.

Ihr Gegenüber empfängt aber nicht nur die Worte und deren Inhalt, sondern Sie vermitteln auch, wie Sie sich fühlen. Sie zeigen immer, mehr oder weniger deutlich, was Sie wirklich denken und wie Sie dem Empfänger emotional entgegentreten. Eine Anweisung wie »Lassen Sie mich in Ruhe!« kann in verschiedenen Arten mitgeteilt werden:

▶ *Brüllen* Ein Anschreien ruft möglicherweise Aggressionen bei dem Empfänger hervor und eignet sich aufgrund der damit oft verbundenen hysterischen Tonlage einer Frau nur bedingt, einen Aggressor zu verschrecken. Durch diese Tonlage wird eine hohe emotionale Beteiligung, innere Erregung und möglicherweise auch Angst erkennbar.

▶ *Monoton* Ein eher gleichmütiges und zu leises Sprechen kann darauf hindeuten, daß es Ihnen egal ist, ob Sie die gewünschte Wirkung erzielen. Auch kann ein solcher Tonfall auf eine hohe innere Anspannung hinweisen. Der Täter denkt sich möglicherweise, daß sein Verhalten als nicht so störend empfunden wird.

▶ *Fragend* Stellen Sie als bedrohte Person eine Frage, müssen Sie auch mit einer Antwort rechnen, die nicht in Ihrem Sinne ist. Und vor allem: Fragen zeigen die Bereitschaft zum Gespräch, und daran sind Sie in einer Bedrohungssituation ja nicht interessiert. Offensichtlich ist die Unsicherheit, die mitschwingt, wenn Sie mit einer Frage reagieren.

▶ *Mit gegensätzlicher Mimik* Dies führt zu Empfangsstörungen beim Gegenüber. Ein Lächeln und ein bewegter, freundlicher Gesichtsausdruck deuten nicht auf eine ablehnende Haltung hin.

Hatten Sie bereits einmal das Gefühl, daß Sie mit jemandem sprechen und er versteht Sie nicht? Woran kann das liegen? Sprachliche Mitteilungen sind Postsendungen zwischen zwei Menschen. Möglicherweise steht der falsche Empfänger darauf, möglicherweise läuft auf dem Transportweg etwas schief oder der

Empfänger kann den Brief nicht lesen. Dadurch entstehen Kommunikationsprobleme.

Es gibt Maßstäbe, die die Verständlichkeit einer Nachricht bestimmen. Informationen sollen einfach, kurz und prägnant, anregend und übersichtlich gegliedert sein. Die Zeit, die einem Menschen zur Bewertung von Informationen zur Verfügung steht, liegt bei etwa 5 bis 6 Sekunden. Das gilt jedoch nur für den Normalfall. In Streßsituationen wird dieser Zeitraum verkürzt. Der Täter ist erregt und gespannt auf Ihre Reaktion. Seine Aufnahmefähigkeit ist beschränkt. Anweisungen, die an ihn gerichtet werden, müssen im höchsten Maße verständlich sein. Ihnen bleibt nicht die Zeit, minutenlange Erklärungen abzugeben. Selbst wenn der Täter Sie verstehen möchte – er kann es unter Umständen gar nicht. Rechnen Sie damit, daß Sie nur einen Teil der gewünschten Information weitergeben können. Den Rest wird sich der Empfänger aus dem Zusammenhang und den äußeren Umständen erschließen. Für Auseinandersetzungen sind die wichtigsten Punkte die Kürze und Einfachheit. Höflichkeit ist fehl am Platz.

Vielleicht fragen Sie sich, warum Sie soviel Aufhebens darum machen sollen, was Sie wie sagen? Und das noch in einer Situation, die Sie nicht herbeigeführt haben, für die Sie nicht im geringsten verantwortlich sind? Worte sind doch eindeutig, denn alle Menschen verwenden Sie auf die gleiche Weise. Stimmt diese Behauptung wirklich? Denken Sie einmal an eine Kugel.

Welches Bild sehen Sie jetzt vor sich? Eine Weltkugel, eine Bowlingkugel, einen abstrakten geometrischen Körper, eine Murmel oder eine Gewehrkugel? Wenn es vielleicht eine Weihnachtskugel war, wie groß war sie und von welcher Farbe? Welche Beschreibung müßten Sie geben, damit sich ein anderer Mensch genau die gleiche Kugel vorstellt, die Sie selbst vor Ihrem inneren Auge sehen? Hinter dem Wort »Kugel« verbirgt sich eine Fülle von Informationen, die das Wort selbst nicht zu vermitteln vermag und die erst im Gespräch deutlich werden. Deshalb ist es wichtig, daß Sie im Konfliktgespräch verschiedene Punkte beachten.

Nicht jede Situation läßt sich nur mit Sprache bewältigen. Wenn ein Aggressor eine Auseinandersetzung will, bekommt er sie in jedem Fall. Die hier ausgesprochenen Empfehlungen vermindern die Möglichkeit einer Aggression so gut als möglich.

▶ *Stellen Sie keine Fragen.* (»Haben Sie 'nen Schuß?, Hast du 'ne Macke?, Was soll das?, Müssen Sie so nah bei mir stehen?, Muß das sein?, Wie bitte?, Warum tun Sie das?«)
Diese Vorgehensweise gibt dem Mann Gesprächsstoff. Sie müssen mit Antworten rechnen, die Sie aus dem Konzept bringen. Angenommen, Sie bekommen zur Antwort: »Ja, ich muß so nah bei Ihnen stehen!«, sind Sie dann zufrieden? Und interessiert Sie wirklich der Grund, warum Sie belästigt werden?

▶ *Erzählen Sie keine Geschichten oder geben Erklärungen ab.* (»Mein Freund kommt gleich …, Ich warte auf …, keine Zeit.«)
Stellen Sie sich die Frage: »Wem nützt das?« Der Aggressor erhält private Informationen. Er bekommt erneut Gesprächsstoff und kann sich auf Gegebenheiten einrichten. Für den Fall, daß Sie angeblich »keine Zeit« haben, fragen Sie sich, ob Sie auf ein Angebot eingehen würden, wenn Sie Zeit hätten. Viele Worte tragen nicht zur Verständlichkeit Ihrer Wünsche und Anliegen bei. Oftmals erzählt der Mensch die verschiedensten Dinge, nur um überhaupt etwas zu sagen.

▶ *Sagen Sie nicht, was Sie nicht wollen.* (»Ich will nicht, daß Sie mich anfassen …«)
Unser Unterbewußtsein kann nicht in Verneinungen denken. Versuchen Sie jetzt einmal, nicht an einen Elefanten zu denken. Das wird Ihnen nicht gelingen. Der Täter wird später behaupten, daß Sie sagten: »Ich will, daß Sie mich anfassen …« Und das hat er unter Streß auch so verstanden.

▶ *Vergessen Sie die üblichen Phrasen.* (»… eigentlich …«, »… vielleicht …«, »… irgendwie …«, »… ungefähr …«, »… vermutlich …«, »ich würde …«)
Diese Sprachmuster wirken unentschlossen und zögerlich. Sie sind nicht eindeutig, lassen dem Gegenüber eigene Interpretationen zu und geben ihm damit die Macht, weiter zu sprechen.
Sprache ist kompliziert genug. Auch der Täter ist in einer Ausnahme- und Streßsituation. Unter Streß ist unser Hirn nicht mehr in der Lage, in der gewohnten Art Informationen zu ver-

arbeiten. Wir merken dies auch in partnerschaftlichen Streitgesprächen. Gelegentlich können wir uns nur auf einfache sprachliche Strukturen besinnen. Wir versprechen uns, eine Beleidigung rutscht heraus, oder wir sind überhaupt nicht mehr in der Lage, etwas zu sagen. Die Fähigkeit, Informationen zu verarbeiten, reduziert sich in Streßmomenten auf die Hälfte.

▶ *Vermeiden Sie das »Du«.*

Angenommen, Sie beobachten einen Mann und eine Frau. Beide stehen an einer Straßenecke und sprechen laut miteinander. Der Mann faßt die Frau am Handgelenk. Sie verstehen aus dem Mund der Frau Wortfetzen wie: »Laß mich in Ruhe, zieh Leine.« Ist das für Sie eine eindeutige Bedrohungssituation? Wenn sich jemand dazu entschließt, Ihnen zu helfen, so kann diese Hilfeleistung abgebrochen werden. Die Helferin oder der Helfer vermuten eine private Auseinandersetzung. Oder erkennen Sie Vorteile, die ein »Du« mit sich bringt?

Auch wenn es schwierig erscheint – eine rasche Änderung der Situation können Sie auch bei Bekannten herbeiführen. Angenommen, Sie haben eine bedrohliche und öffentliche Auseinandersetzung mit einem Bekannten und Sie schwenken von dem vertrauten »Du« auf das »Sie«. Es wird ihn verblüffen, schafft eine ungewohnte Distanz, und eine Hilfeleistung durch unbekannte Dritte wird wahrscheinlicher.

▶ *Beleidigen Sie nicht.*

Beschimpfungen erfüllen keinen Zweck. Gleichzeitig können sie aber provozieren und zur Eskalation führen. Beleidigungen verletzen; deshalb benutzen wir sie ja. Für einige Opfer ist die Beleidigung der zerstörerischste Aspekt in gewalttätigen Handlungen.

Vielleicht denken Sie, ich kann mich nicht beherrschen, wenn ich so gereizt werde. Tatsächlich korrigieren wir ständig unsere Handlungen. Egal, ob im Zorn oder in einfachen Gesprächen. Wenn wir zum Beispiel einer Freundin sagen, daß ihre neue Jacke schick aussieht, obwohl wir sie albern finden. Sagen Sie nicht, daß es Situationen gibt, wo Sie nicht anders können. Sie kommen auch nicht auf die Idee, über Ihren Chef zu sagen, daß er Ihnen den Buckel herunterrutschen kann. Wie groß eine De-

Abb. 4

mütigung auch sein mag, Sie können sich im Zaum halten. Sie beleidigen nicht; Sie provozieren nicht, und Sie leiten damit auch keine Auseinandersetzung ein, die sie verlieren könnten. Ein Konflikt ist mit einem Feuer zu vergleichen, daß zwischen den beiden Kontrahenten brennt. Glauben Sie ernsthaft, daß Sie dieses Feuer löschen können, wenn Sie durch eine Beleidigung Öl ins Feuer gießen? Ist eine Beleidigung nicht auch nur das Ergebnis von Sprachlosigkeit?

Da wir Probleme haben, Anweisungen umzusetzen, die »Nicht«-Formulierungen enthalten, folgt nun das, was Sie sagen sollten.

▶ *Klare Aussagen und Anweisungen.* (»Lassen Sie mich in Ruhe«, »Lassen Sie mich vorbei«, »Bleiben Sie weg«, »Nehmen Sie Ihre Hände weg.«)

Wählen Sie Aufforderungen, die leicht zu verstehen sind; kurz und prägnant in der Wortwahl. Diese Sätze bieten den unüberwindlichen Vorteil, daß sie streßsicher sind. Es ist nicht nötig, durch besondere Schlagfertigkeit und Witz zu glänzen.

Was, diese kurzen Sätze sollen mir in Bedrohungssituationen helfen? Das funktioniert doch sowieso nicht! Probieren Sie es aus. Und wenn es beim ersten Mal nicht funktioniert, wiederholen Sie den Satz so oft es nötig ist. Stellen Sie sich eine Schallplatte vor, die einen Sprung hat. Sie beginnen immer wieder von vorn und gehen nicht auf die Bemerkungen des Mannes ein.

Es gibt Situationen, in denen die obigen Ratschläge nur eingeschränkt wirksam sind, aber dennoch so oder in abgewandelter Form angewendet werden können. Betrunkene oder Ausländer, die die Sprache inhaltlich nicht verstehen können, werden in der gleichen Art und Weise angesprochen. Hierbei kommt es weniger auf die Wortbedeutung als auf die Art und Weise der Aufforderung an. Ihre Ablehnung muß durch Haltung, Gesichtsausdruck und Betonung der Worte deutlich zum Ausdruck kommen. Ihr Auftreten muß zu Ihren Anweisungen passen. Und denken Sie daran, wir sind schon in einer kritischen Situation. Es geht nicht darum, generell unhöflich und ablehnend zu reagieren.

Im Bekanntenkreis ist es ungleich schwieriger, sich mit Worten zu wehren. Die Motive, »keinen Ärger zu bekommen«, »dumm dazustehen«, »Schuldgefühle« und das Bestreben, eine »harmonische Beziehung nicht zu belasten«, überwiegen oft. Schon als Kleinkind lernen Frauen, Männern aus der Umgebung Vertrauen zu schenken und von ihnen beschützt zu werden. Deshalb tolerieren viele oftmals die ersten Versuche einer Annäherung. Je weiter diese Versuche fortschreiten, desto schwieriger wird es dann aber, den Mann in seine Schranken zu weisen. Er wird mit einer gewissen inneren Berechtigung sagen: »Bisher hat dich ... doch auch nicht gestört.«

Wenn Sie bei einer Verabredung Gefahr laufen, Opfer eines sexuellen Übergriffs zu werden, verlassen Sie sich nicht auf eine ablehnende Formulierung wie: »Ich will das nicht!«, sondern sagen Sie laut und deutlich: »Hör auf, du vergewaltigst mich.«

Eigene Ideen und Ergänzungen

Verhaltensänderung

Vielleicht fragen Sie sich: »Warum soll ich mich ändern? Ich bin so wie ich bin. Ich gefalle mir so, und schließlich habe ich ja oft genug gehört, daß der Mann für sein Verhalten selbst verantwortlich ist. Soll er sich doch ändern.« Das ist nur zum Teil richtig. Jede Frau muß ihre Grenzen deutlich machen. Doch die Sozialisation von Frauen führt gelegentlich dazu, daß es für sie schwierig wird, sich eindeutig zu verhalten oder daß ihr Gespür für gefahrvolle Situationen nicht ausgeprägt ist. Deshalb ist es sinnvoll, die eigenen Einstellungen zu überprüfen und erforderlichenfalls das eigene Auftreten zu ändern. Zur Veränderung von Verhaltensweisen haben sich verschiedene Methoden bewährt. Je nachdem, wieviel Zeit Sie aufbringen möchten und welcher Typ Sie sind, finden Sie in den folgenden Vorschlägen Hilfe.

Bei Belästigungen, die Sie mit einem klaren und deutlichen NEIN beenden können, müssen Sie versuchen, NEIN zu sagen. Dieses NEIN läßt sich erlernen. Die folgenden Übungen zeigen Ihnen, ob sich daran noch etwas verbessern läßt.

Sie stehen auf einer Seite des Raumes und müssen durch eine Passage auf die andere Seite des Raumes gelangen. Dabei werden Sie von Ihrem Partner oder einer Freundin angesprochen. Alles nach dem Motto, erlaubt ist, was gefällt. Bitte vereinbaren Sie mit Ihrem Gegenüber ein Wort, mit dem Sie die Situation im Notfall abbrechen können. Ansonsten spielen Sie jede Situation bis zum Ende durch. Egal, ob Sie zwischendurch lachen müssen oder Ihnen zum Weinen zumute ist. Selbstverständlich wissen Sie vorher nicht, was Ihr Spielpartner oder Ihre Spielpartnerin mit Ihnen durchspielen möchte.

Bauen Sie die Passage als eine enge Stelle in der Raummitte mit Stühlen oder geeigneten Hilfsmitteln. Oder benutzen Sie einfach den schmalen Wohnungsflur beziehungsweise den Zimmereingang. Sie können die Rollenspiele nach eigenem Geschmack verfeinern und damit einen höheren Realitätsbezug herstellen. Für die erschaffene Situation können Sie sich verschiedene Erklärungen geben:

▶ Es handelt sich um eine enge Passage, die von einer Straße zu einer anderen Straße führt. Ein anderer Weg existiert nicht. Passanten sehen Sie nicht.

▶ Sie gehen auf einem engen Weg, der rechts und links mit Büschen oder Wänden begrenzt ist, beispielsweise ein Durchgang im Park oder eine Bahnunterführung.

▶ Es ist ein enger Gang, durch den Sie zu Ihrem Pkw in einem Parkhaus kommen. Das Parkhaus schließt in fünfzehn Minuten. Sie haben einen Heimweg von einer Stunde. Öffentliche Verkehrsmittel fahren nicht. Sie haben nicht ausreichend Geld, um ein Taxi zu nutzen. Ein Parkhauswächter ist nicht vorhanden.

▶ Die enge Stelle ist ein Flur im Wohnungsbereich oder Hauseingang Ihres Hauses.

▶ Der enge Raum ist ein Fahrstuhl oder eine Telefonzelle. Passanten sind keine unterwegs.

▶ Sie stehen in einer überdachten Bushaltestelle oder S-Bahn-Haltestelle und warten. Passanten sind keine vorhanden.

▶ Die Gäste einer Diskothek bemerken nicht, was sich in der Ecke abspielt, in der Sie allein mit dem Belästiger stehen.

Sie sehen, dem Erfindungsreichtum sind kaum Grenzen gesetzt. Wenn Sie im Ernstfall die Gefahr rechtzeitig bemerken, wählen Sie selbstverständlich einen anderen Weg; hier stellen Sie sich dem Spiel. Sie sollten nur zurückweichen, um wieder Distanz zwischen sich und den Täter zu bringen. Dabei sollten Sie gleichzeitig »Bleiben Sie stehen!« sagen. Strecken Sie erforderlichenfalls Ihre Hände oder zumindest eine Hand in Richtung des Täters. Damit vergrößern Sie Ihre Sicherheitszone und machen Ihr Distanzverlangen deutlich (siehe auch Abb. 2, S. 91). Sie sollten nie zurückweichen, um Zeit zum Überlegen zu gewinnen.

Hier einige Ideen für das Spiel selbst – und denken Sie daran, daß Sie vorher nicht wissen, was Ihr Partner sagen wird.

► Können Sie mir bitte sagen, wieviel Uhr es ist?
► Können Sie mir bitte sagen, wo die … Straße ist?
► Kennen wir uns nicht von der Schule, der Arbeitsstelle …?
► Bist du nicht die Petra, …?
► Zollstelle. Gib mir 'ne Mark, sonst kommst du hier nicht durch.
► Wo haben Sie denn die Brille gekauft, etwa bei …?
► Ist der Pullover mit … gewaschen?
► Würden Sie mir bitte suchen helfen, ich habe meine Kontaktlinsen / Autoschlüssel verloren?
► Würden Sie mir bitte suchen helfen, ich habe meinen Penisring verloren?
► Möchten Sie ein Stück Schokolade?
► Wollen Sie meinen Schwanz lutschen?
► Gib mir dein Geld, deine Uhr, deinen Schmuck …!
► Was ich Ihnen schon immer mal sagen wollte, … ich möchte Sie ficken.
► Wissen Sie überhaupt, was Sie für wundervolle braune Augen haben?
► Sie sind mir so sympathisch. Ich möchte Sie gerne kennenlernen.
► Sie sind mir so sympathisch. Ich möchte Sie gerne bumsen.
► Soll ich Ihnen mal was zeigen? Kommen Sie mal mit.
► Haben Sie eine Sekunde Zeit? Wir suchen noch für eine Produktion Schauspielerinnen. Es geht da um Pornofilme.
► Können Sie mir eine Mark wechseln?
► Haben Sie zehn Pfennig zum Telefonieren?
► Ich mache eine Umfrage. Haben Sie eine Minute Zeit? Was halten Sie von unserer derzeitigen Wirtschaftslage?
► Ich mache eine Umfrage. Haben Sie eine Minute Zeit? Was halten Sie von Geschlechtsverkehr mit Tieren?
► Ihr Partner simuliert einen sinnlos Betrunkenen, der im Weg steht.

Überlegen Sie, welche Belästigung Sie bereits erlebt haben. Bitten Sie Ihren Partner oder eine Freundin, Sie genauso zu belästigen. Sie reagieren dann so, wie Sie es bisher getan haben.

Gab es bisher noch kein Erlebnis, das Sie nachspielen können, denken Sie sich eine Situation aus oder nehmen Sie eine von meinen Ideen. Machen Sie es sich zu Beginn einfach. Es kommt nicht so sehr auf die Intensität der Belästigung an. Ihre Reaktion ist viel wichtiger. Ihr Spielpartner/-partnerin soll beurteilen, ob Ihre Abwehrreaktion, also Ihr NEIN, zu schwach war. Sprechen Sie über Ihre Gefühle und über den Eindruck, den der Belästiger/die Belästigerin von Ihnen hatte.

Im zweiten Schritt tauschen Sie die Rollen miteinander. Erleben Sie sich selbst in der Rolle des Täters und mit welchen Schwierigkeiten das verbunden sein kann. Nehmen Sie Ihren Partner/Ihre Partnerin wahr. Sprechen Sie erneut über das Verhalten und dessen Wirkung.

Danach tauschen Sie nochmals die Positionen, und Sie versuchen in der Opferrolle Ihre Abwehr bewußt schwach zu gestalten. Verhalten Sie sich (noch) zögerlicher, (noch) leiser, (noch) unbestimmter.

STOP
Bevor Sie weiterlesen, nehmen Sie sich die Zeit und spielen Sie ein Opfer, dessen Abwehr zu zögerlich und unbestimmt ist. Wenn kein Partner da ist, üben Sie vor einem Spiegel.

Bemerken Sie, daß ein schwacher und leiser Ausdruck die Situation eher verlängert? Je länger Sie mit einer eindeutigen Reaktion warten, desto unerträglicher wird die Situation. Je frühzeitiger Sie Ihren Standpunkt klarmachen, desto eher wird der Täter begreifen.

Denken Sie jedoch an einen weiteren wichtigen Punkt. Ihr NEIN, so laut und bestimmt Sie es auch dem Belästiger entgegenschleudern, ist keine Garantie für den Erfolg. Funktioniert Ihr NEIN nicht, müssen Sie sich etwas anderes einfallen lassen. Irgendwann kommen Sie um ein körperliches Vorgehen nicht herum.

Und jetzt noch einige Ideen für Rollenspiele zum Thema »Sexuelle Belästigung am Arbeitsplatz«. Sie erinnern sich, hier ist es ungleich schwieriger. Sie befinden sich vielleicht in einem Abhängigkeitsverhältnis, wenn der Belästiger Ihr Vorgesetzter ist, oder sind von der Situation vollkommen überrascht.

► Sie hatten eine Operation am Knie und befinden sich wieder im Büro. Ihr Kollege ist mit Ihnen allein im Zimmer. Sie kennen ihn seit etwa einem Jahr und haben zu ihm ein eher distanziertes Verhältnis. Er fragt Sie mit einem süffisanten Lächeln, ob es mit dem Sex mittlerweile schon wieder klappt.

► Im Zuge einer eher belanglosen Meinungsverschiedenheit zwischen Ihnen und einem männlichen Kollegen weiß er argumentativ nicht weiter. Er schreit sie erbost mit einem »Dich vögel ich auch noch« an und läßt Sie stehen. Zwei Kolleginnen, die den Vorfall beobachtet und mit angehört haben, stehen sprachlos daneben.

► Sie sitzen allein an Ihrem Schreibtisch und denken an die unmittelbar bevorstehende Mittagspause. Ein Kollege betritt das Zimmer und hält Ihnen eine Zeitschrift mit pornographischem Inhalt vor. Er fragt Sie, was Sie davon halten.

► Ein Kollege lehnt sich bei jeder möglichen und unmöglichen Gelegenheit an Sie an. Das ist Ihnen unangenehm, und Sie haben sich entschlossen, etwas dagegen zu unternehmen. Heute soll es soweit sein. Was machen Sie?

► Sie werden zu einem Gespräch mit dem Abteilungsleiter gebeten. Er kündigt Ihnen eine Höhergruppierung an. Er sagt: »Ich denke, daß es notwendig ist, bevor ich meine Entscheidung endgültig treffe, sich noch einmal auf privater Ebene kennenzulernen. Ich will sichergehen, daß ich die richtige Person ausgesucht habe.« (Wenn Sie jetzt sagen: »Wie darf ich das verstehen?« oder »Wie meinen Sie das?«, suchen Sie sich eine der folgenden Antworten aus.)
»Wenn Sie das nicht verstehen, habe ich bereits Zweifel daran, die richtige Person in die engere Auswahl genommen zu haben.«
»Was gibt es daran zu verstehen? Sie wissen doch, wie ich das meine.«
»Damit meine ich, daß wir zunächst einmal miteinander essen gehen. Dann kann ich bei einem intensiven Gespräch Ihre Per-

sönlichkeit ergründen. Mir kommt es gerade darauf an, einen
Menschen zu befördern, der es wirklich verdient.«

▶ Sie stehen am Kopierer. Ein Kollege, den Sie nicht kennen,
kommt vorbei und gibt Ihnen einen Klaps auf den Po.

Sie sehen, die Situationen sind vielfältig, schwierig und komplex.
Jede Situation erfordert eine andere Lösung. Sie sind anders, Ihr
Gegenüber ist anders, und pauschale Lösungen greifen nicht auf
Dauer.

Eigene Ideen und Ergänzungen

Analyse

Sind unsere Informationen nicht aus erster Hand, so müssen wir bereits Vorsicht walten lassen. Erlebnisse, die wir durch unsere Sinnesorgane direkt aufnehmen und speichern, sind genau und vollständig. In dem Moment, in dem wir versuchen, diese Eindrücke sprachlich darzustellen, also mit anderen reden, finden Veränderungen statt. Erfahrungen anderer Art und psychologische Prozesse lassen Teile unserer Erinnerung verblassen. Dadurch entstehen Lücken und Verallgemeinerungen. Es gibt viele Gründe, warum Schilderungen beim Weitererzählen verzerrt werden können. Schauen Sie sich die Schilderung einer Frau an, die mir ungeprüft weitergegeben wurde:

»Einer der Frauen aus unserer Firma ist auf dem Firmenparkplatz etwas passiert. Sie wurde am Auto überfallen und sexuell belästigt.«

Möchten Sie wissen, was wirklich geschah?

Die Frau auf dem Parkplatz war keine Firmenangehörige. Sie fuhr außerhalb der Geschäftszeiten auf einen relativ leeren Parkplatz und wartete dort auf ihren Partner. Nach ca. 15 Min. näherte sich der Täter von hinten der halb geöffneten Tür und konnte die Tat ausführen.

Natürlich ist es schrecklich, wenn so etwas geschieht. Denken Sie jedoch daran, wie die erste Schilderung auf eine Frau wirkt, die in der Firma arbeitet. Sie wird sich als potentielles nächstes Opfer sehen, nur weil sie auf dem Parkplatz parkt. Die anfängliche Schilderung ist zu abstrakt und läßt zuviel Raum für Interpretationen.

Es ist ein wichtiger Unterschied, ob Sie nur zu Ihrem parkenden Wagen gehen, einsteigen und wegfahren oder im Halbdunkel bei geöffneter Tür in Ihrem Wagen sitzen.

Möglicherweise haben Sie sich aufgrund von Erfahrungen »aus zweiter Hand« für eine bestimmte Situation ein bestimmtes Verhalten zurechtgelegt. Und wenn Sie glauben, daß dieses Verhalten für Sie von Vorteil ist – dann stellen Sie sich folgende Fragen:

▶ *Warum mache ich das so beziehungsweise warum will ich das so machen?*

Es gibt für alles einen Grund. Versuchen Sie, so genau wie möglich herauszufinden, welcher es in diesem Fall ist.

▶ *Stimmt das wirklich?*

Überprüfen Sie sich kritisch – ist das der wahre Grund? Fügen Sie bereits jetzt eine Kontrolle ein. Und das hat einen wirklich guten Grund. Viele Menschen haben schnell einen Anlaß vorgeschoben, um sich um die wahren Ursachen nicht kümmern zu müssen.

Eine Hilfe kann die sogenannte »Angenommen-Formulierung« sein. Wenn Sie den Grund gefunden haben, warum Sie etwas tun, unterlassen oder eine Forderung stellen, schließen Sie zunächst diesen Grund aus. Fragen Sie sich: »Angenommen, der Grund ist weggefallen – würde ich dann genauso handeln?« Kommen Sie zu dem gleichen Ergebnis wie mit diesem Grund, können Sie sicher sein, den wahren Grund noch nicht gefunden zu haben.

Schauen Sie sich den folgenden Dialog zwischen zwei Freundinnen an, und Sie werden verstehen, was ich damit meine:

»Du, Sonja, neulich ist mir etwas passiert. Da sitze ich mit meinem Kleinen beim Arzt. Stell dir vor. Stellt sich der Markus doch dauernd auf die Stühle. Und ich mußte ihn hundertmal auffordern, daß er runtergeht. Der raubt mir noch den letzten Nerv.«

»Warum wolltest du denn, daß er von dem Stuhl runtersteigt?« (Warum mache ich das so?)

»Na, was glaubst du wohl, der macht doch die Stühle dreckig.« (Der vordergründige Anlaß)

»Angenommen, es wäre vollkommen auszuschließen, daß die Stühle schmutzig werden, hättest du es ihm dann erlaubt?« (Wegfall des Grundes mit der »Angenommen-Formulierung«)

»Nun ja, das hätte ich nicht, es ist doch so, daß es die Leute stört.« (Der nächste vordergründige Anlaß)

»Angenommen, es würde die Leute nicht stören, hättest du es ihm dann erlaubt?« (Erneuter Wegfall des Grundes mit der Angenommen-Formulierung)

»Nein, glaube ich nicht. (Pause) Ich denke, es hängt damit zusammen, daß noch andere Leute im Wartezimmer waren. Und die glauben doch, daß ich mein Kind nicht erziehen kann.« (Der wahre Grund)

Sie sehen, manchmal sind es ganz andere Ursachen, die in uns ein Handeln auslösen. Suchen Sie also immer nach dem wahren Grund.

▶ *Woher habe ich diese Idee?*
Als mögliche Quellen der Information kommt das Selbst-Erlebte, die Zeitung, das Fernsehen, Beobachtungen oder die Schilderungen von anderen in Betracht.
Für den Fall, daß Sie es erzählt bekommen haben:
▶ *Wer hat mir das gesagt?*

Und vor allem:
▶ *Warum hat man mir das gesagt?*
Welchen Grund hatte die Person, mir diesen Vorfall zu schildern? War es Besorgnis um mich, Sensationslust oder nur ein Erzählen um des Erzählens willen. Ganz nach dem Motto: »Ach, stell dir nur vor, was ...«
▶ *Was beweist, daß das, was ich erfahren habe, so richtig ist?*
Wenn Sie herausgefunden haben, warum Sie etwas erzählt bekommen haben oder woher Ihre Information wirklich stammt, können Sie bereits eine erste Einschätzung über die Verwertbarkeit abgeben. Von je weiter weg die Information stammt, je dünner die Zeitung und je serienmäßiger eine Fernsehausstrahlung ist, desto wahrscheinlicher ist Ihre Erkenntnis falsch oder unvorteilhaft für Sie selbst.
▶ *Läßt sich daraus eine allgemeingültige Aussage ableiten?*
Möglicherweise ist dies der wichtigste Punkt Ihrer gesamten Überlegungen. Warum ist das, was für andere Menschen gilt, auch für Sie zutreffend? Oder andersherum: Was für diesen oder jenen Menschen gilt – gilt das auch für alle anderen? Ist es nicht vielmehr so, daß gerade ein bestimmter Punkt, der sehr entscheidend ist, für Sie nicht zutrifft? Sind die Voraussetzungen wirklich identisch?

Unter Umständen kommen Sie jetzt zu dem Ergebnis, Ihr geplantes Verhalten neu zu bewerten oder zu verändern.

Wenn Sie in diesem Buch Vorschläge für Verhaltensweisen finden und eigene Ideen dazu haben, stellen Sie sich die Analysefragen und bewerten Sie damit nicht nur Ihre Ideen kritisch, sondern auch meine Vorschläge.

Eigene Ideen und Ergänzungen

Analyse II

Systematisches Überlegen ermöglicht das Erarbeiten von Lösungen, die der Lage angepaßt sind. Es hilft, sich auf zukünftige Belastungen vorzubereiten, und damit die unangenehmen Wirkungen abzuschwächen. Sie können jede Situation zu Ihrem Vorteil bewerten, wenn Sie sich folgende Punkte vor Augen führen.

1. Störfaktor festlegen
»Was stört mich?«
Hierbei ist Vertrauen in Ihre eigene Wahrnehmungsfähigkeit gefragt. Sie wissen sehr schnell, wann eine Situation unangenehm ist. Ist die gesamte Lage sehr komplex und schwierig, lösen Sie sie in ihre Bestandteile auf. Dann werden Sie damit leichter fertig. Sie sollten dem Problem wirklich auf den Grund gehen.

Susanne sitzt in der U-Bahn. Es ist 19.15 Uhr, und um sie herum befinden sich noch weitere Fahrgäste. Ein Mann steigt zu und setzt sich neben Susanne. Sie zieht die Tasche näher an sich heran und schaut krampfhaft (nach außen möchte sie locker erscheinen) aus dem Fenster. Der Mann beginnt, sein Knie an ihrem Oberschenkel zu reiben. Susanne findet das Verhalten absolut widerwärtig. Sie sagt nichts und versucht, ihre Beine von dem Mann wegzudrehen.

Vordergründig mag es für das Verhalten von Susanne eine Erklärung geben. Möglicherweise denkt sie: »Mir glaubt sowieso keiner, wenn ich etwas sage.« Wahrscheinlicher ist jedoch, daß es ihr furchtbar peinlich ist, etwas zu dem Mann zu sagen. Und das weiß der Mann auch. Er nutzt die Zurückhaltung von Susanne für seine Belästigung aus. Sie hat sein Verhalten nicht herausgefordert, aber weil sie ihre Grenzen nicht eindeutig darlegt und aufzeigt, unterstützt sie ihn.

2. Ziel festlegen
»Was will ich wirklich?«
Das von Ihnen ausgewählte Ziel soll gut überlegt sein, kann aber jederzeit geändert werden, wenn es zu Ihrem Vorteil ist. Auch hier

können Sie die »Angenommen-Formulierung« aus dem vorherigen Kapitel benutzen. Wenn Sie Ihren Grund gefunden haben, warum etwas anders sein sollte, fragen Sie sich einfach: »Angenommen, es wäre so – bin ich dann zufrieden?« Sind Sie es nicht, haben Sie das Problem nur an der Oberfläche angekratzt.

Beatrix steht auf dem S-Bahnhof. Es stellt sich ein Mann so dicht neben sie, daß keine Zeitung mehr dazwischen paßt. Er fragt, was sie hier macht, ob sie öfter mit der S-Bahn von diesem Bahnhof abfährt und was sie heute abend noch so vorhat. Beatrix antwortet, daß sie nicht mit ihm sprechen will.

Angenommen, der Mann hört auf mit ihr zu sprechen, steht aber nach wie vor noch direkt neben ihr – ist sie dann zufrieden? Was will Beatrix wirklich?

3. Weg festlegen

»Was will ich tun, um mein Ziel zu verwirklichen?« oder »Wie hindere ich mich daran, mein Ziel zu erreichen?«
Ein »Ich weiß nicht« gibt es in diesem Zusammenhang nicht. Lassen Sie zunächst alle (auch unsinnige) Ideen zu. Es kommt darauf an, sich eine Vielzahl neuer Möglichkeiten zu eröffnen. Werten können Sie immer noch. Lösungen, die für Sie ungeeignet erscheinen, sondern Sie jetzt schon aus. Entscheiden Sie sich dann für eine Reihenfolge nach vermutlicher Qualität und Realisierbarkeit für sich selbst.

Nicole kommt nach einem Einkauf zum Parkhaus zurück. Ihr Wagen steht auf dem zweiten Parkdeck. Der langgestreckte Aufgang gibt ihr den Blick auf zwei Männer frei, die am Ende der Treppe stehen. Um zu ihrem Wagen zu gelangen, muß sie an diesen beiden vorbei. Sie fühlt sich unwohl und überlegt, was sie tun kann.

STOP
Bevor Sie weiterlesen, nehmen Sie sich die Zeit und überlegen sich, was Sie an Nicoles Stelle tun könnten.

Es geht in erster Linie darum zu zeigen, wie viele neue Möglichkeiten sich plötzlich ergeben können. Bei all diesen Wegen, die Ihnen einfallen werden, ist sicher ein realistisch gangbarer dabei.

Haben Sie auch an alles gedacht? Nach Hause laufen, mit dem Taxi / Bus nach Hause fahren, die Polizei anrufen, den Feuermelder des Parkhauses auslösen, Freunde anrufen, die Parkhausaufsicht um Hilfe bitten, über die Fahrwege (vorsichtig, wegen der fahrenden Autos) nach oben laufen, noch mal gehen und später wiederkommen, an den Männern stumm vorbeigehen, die Männer anschreien, ob sie nichts Besseres zu tun hätten, die Männer bitten, den Weg freizumachen und so weiter. Je nach Situation kann Sie einer der Vorschläge zu Ihrem Ziel führen. Denken Sie daran, sich nicht durch nur eine Idee zu blockieren. Seien Sie kreativ.

4. Kontrolle

»Wem nützt mein Verhalten?«

Ergibt die Antwort auf diese Frage ein »mir nicht« oder »dem Täter« ist in dem vorhergehenden Denkprozeß ein Fehler enthalten. Versuchen Sie, nur Lösungen zu verwirklichen, die Sie weiterbringen, die für Sie von Vorteil sind. Es geht hier nicht um Fairneß oder Gerechtigkeit. Hat auch der Täter einen größeren Nutzen von Ihrem Verhalten, gehen Sie einen Punkt zurück und beginnen Sie mit Ihren Überlegungen erneut.

Um das feststellen zu können, müssen Sie sich unter Umständen in den Täter hineinversetzen.

Gedankenfilme

Gedankenfilme sind ein umfangreiches Programm. Mit ihnen nehmen Sie bewußt Kontakt mit Ihrem Unterbewußtsein auf. Sie nutzen Ihre eigene Phantasie für einen Lernprozeß. Nehmen Sie sich dafür Zeit und die notwendige Ruhe. Sie sind erfolgreicher, wenn Sie das Programm mehrfach durchlaufen.

Überlegen Sie sich zunächst sehr genau, was Sie zukünftig können möchten. Welche exakte Bezeichnung gibt es für die angestrebte Veränderung? (Zum Beispiel: »Ich möchte selbstbewußt sein.«)

Anschließend fragen Sie sich, welches Verhalten Sie zeigen werden, damit Sie wissen, daß Sie sich diese Eigenschaft zuschreiben können. (Beispielsweise, »Ich werde NEIN sagen, wenn ich dies oder jenes nicht tun möchte.«) Nun beginnen Sie, mit Ihrer Vorstellungskraft zu arbeiten. Sie betrachten Ihre eigene Zukunft. (Zum Beispiel: »Ich kann NEIN sagen.«) Sollte Ihnen das schwerfallen, denken Sie an eine Person in Ihrer Umgebung, die diese Fähigkeit besitzt. Nutzen Sie diese Person als Vorbild. Der gedankliche Ablauf wird dann auf Bestandteile hin überprüft, die Ihnen nicht gefallen. Sie haben zum Beispiel eine Person als Gegner einer Auseinandersetzung gewählt, die in der Realität ein guter Freund von Ihnen ist. Da Sie mit einem guten Freund keine Auseinandersetzung haben möchten, wird diese Vorstellung den Ablauf Ihres Gedankenfilms erschweren. Nehmen Sie einen Menschen, mit dem Sie sich einen Streit leicht vorstellen können. Danach versetzen Sie sich in Ihren Gedankenfilm. Achten Sie dabei auf Ihre Gefühle. Natürlich haben Sie die Möglichkeit, weitere Verbesserungen vorzunehmen. Jetzt vergegenwärtigen Sie sich, welche Bedeutung das Erreichen des Ziels für Sie hat und welche Schritte Sie dorthin geführt haben. Der nächste Schritt zeigt Ihnen, ob die Veränderung in Ihre gesamte Lebenssituation integrierbar ist.

Zum Abschluß überlegen Sie sich, wie Ihre Umwelt auf Ihr neues Verhalten reagiert und was Sie dazu tun können. Sie versetzen sich in mehrere Situationen und erleben sich selbst. Schauen Sie sich die folgende schematische Aufstellung an und testen Sie sie:

► *Wünsche formulieren*
   Was möchten Sie gerne können? Welche Fähigkeiten möchten Sie besitzen? (Wählen Sie eine aus!)
► *Verhalten bestimmen*
   Welche Verhaltensweise müssen Sie entwickeln, um sich diese Fähigkeit zuschreiben zu können?
► *Verhalten entwerfen*
   Stellen Sie sich vor, Sie sind zum Beispiel 5 Jahre älter. Und Sie haben in dieser Zeit die gewünschte Fähigkeit entwickelt. Stellen Sie sich vor, Sie sitzen im Kino. Auf der Leinwand läuft

ein Film mit Ihnen in der Hauptrolle. Sie sitzen im Zuschauerraum und entwerfen vor Ihrem inneren Auge einen Film, der Sie in dieser Zukunft zeigt. Wie Sie diese von Ihnen gewünschte Fähigkeit in Ihrem Verhalten, in Ihrem Tun zum Ausdruck bringen. Schauen Sie sich diesen Film genau an. Seien Sie neugierig und sachlich. Was sehen Sie dort? Was tun Sie dort? Wie verhalten Sie sich? Was hören Sie sich sagen? Was hören Sie andere sagen? Sehen und hören Sie genau hin!

(Sollten Sie Schwierigkeiten haben, sich selbst vorzustellen, wie Sie diese neuen Verhaltensweisen zeigen, dann überlegen Sie sich, ob Sie jemanden kennen, der ein solches Verhalten zeigen kann, oder von dem Sie glauben, daß er ein solches Verhalten entwickeln kann. Entwerfen Sie also zunächst vor Ihrem inneren Auge einen Film, der diese Person zeigt, bevor Sie sich denselben Film vorstellen, der jetzt Sie in der Rolle der anderen Person zeigt.)

▶ *Entwurf überprüfen und bei Bedarf korrigieren*
Prüfen Sie diesen Film. Wenn darin etwas geschieht, was Ihnen nicht gefällt, dann ändern Sie den Ablauf. Wenn Sie darin etwas hören, was Ihnen nicht gefällt, dann ändern Sie den Text. Überprüfen und verändern Sie den Film so lange, bis er Ihnen ganz und gar gefällt!

▶ *Phantasie ganzheitlich vorstellen*
Sie spüren vielleicht, daß es schwierig ist, die Trennung von Zuschauer und dem jüngeren Selbst auf der Leinwand aufrechtzuerhalten. Sobald Sie eine ganze Szene vor Augen haben, mit der Sie völlig zufrieden sind, gehen Sie in das Bild hinein, durchlaufen die ganze Szene noch einmal von innen und fühlen wie das ist, wenn Sie sich so verhalten. Gehen Sie dazu in Gedanken auf die Leinwand zu, blenden Sie die Bilder übereinander oder schlüpfen Sie in die Haut der Hauptdarstellerin. Sie müssen an dieser Stelle einen ganz persönlichen Weg der Integration finden.

▶ *Entwurf überprüfen und bei Bedarf korrigieren*
Sollten Sie jetzt etwas bemerken, was Ihnen nicht gefällt, so gehen Sie noch mal zurück zu der Stufe, auf der Sie den Film vor

Ihrem inneren Auge haben ablaufen lassen, und verändern ihn nochmals. Überprüfen Sie dann, ob Sie zufrieden sind, wenn Sie in das Bild hineingehen. Fühlen Sie, wie das ist, wenn Sie sich so verhalten.

Setzen Sie diesen Prozeß der Veränderung so lange fort, bis Sie mit diesem Film von außen und von innen zufrieden sind. Überprüfen Sie, ob es sonst noch irgendwelche Einwände gegen das neue Verhalten gibt. Wenn ja, setzen Sie den Prozeß der Veränderung fort, bis auch diese Einwände berücksichtigt sind.

► *Bedeutung des neuen Verhaltens klarmachen*
Machen Sie sich jetzt klar, was es für Sie bedeutet, wenn Sie dieses Ziel erreicht haben. Welche Folgen das für Ihr zukünftiges Leben haben wird.

► *Weg zum Ziel vergegenwärtigen*
Bleiben Sie in diesem Zukunftsbild und schauen von da aus zurück auf den Weg, den Sie zurückgelegt haben. Führen Sie sich alle Schritte vor Augen, die Sie in diese erwünschte Zukunft geführt haben.

► *Wechselbeziehungen überprüfen*
Stellen Sie sich jetzt verschiedene Situationen vor, in denen andere im privaten, im beruflichen oder im gesellschaftlichen Bereich auf Ihr neues Verhalten unerwünschte Reaktionen zeigen. Überprüfen Sie, wie Sie in solchen Situationen dafür sorgen können, daß es Ihnen gutgeht.

► *Motivieren*
Stellen Sie sich jetzt andere Menschen vor, die Reaktionen zeigen, die Sie sich wünschen. Überlegen Sie, was Sie dazu tun können, daß solche Reaktionen eintreten.

► *Auslösereiz festlegen*
Wissen Sie, wann die Situation da ist, in der das neue Verhalten angezeigt ist? Überlegen Sie, woran Sie bemerken, daß Sie gerade jetzt das neue Verhalten zeigen sollten.

► *Bestätigung*
Überlegen Sie sich, wann Sie wieder in eine Situation kommen, in der das neue Verhalten angezeigt ist. Gehen Sie in diese Situation hinein und erleben, wie das ist, wenn Sie sich so verhal-

ten, wie Sie es wünschen. Wenn Sie mehrere Situationen auf sich zukommen sehen, erleben Sie das neue Verhalten auch in diesen.

Eigene Ideen und Ergänzungen

Selbstinstruktion

Die Erwartungshaltung, die Sie vielen Vorhaben entgegenbringen, ist entscheidend für das Gelingen derselben. Diese innere Haltung äußert sich vorwiegend in der Sprache. Erwartungen, Gedanken und Einstellungen beeinflussen uns in der Bewertung unserer Umwelt. Wenn Sie glauben, eine Situation nicht bewältigen zu können, obwohl eine Bewältigungsstrategie vorhanden ist, werden Sie es auch nicht versuchen. Sie nehmen sich damit selbst die Möglichkeit, vom Gegenteil überzeugt zu werden. Sie erlernen Hilflosigkeit.

Möglicherweise kennen Sie den Begriff der »sich selbsterfüllenden Prophezeiung«. Wenn Sie negative Befürchtungen haben, treffen sie auch oft ein. Angenommen, Sie haben Angst davor, daß Ihr Partner sie betrügt. In der Folge beobachten Sie ihn sehr genau und sind mißtrauisch. Nerven ihn mit quälenden Fragen. Vielleicht kommt er dann irgendwann zu der Auffassung: »Ich trenne mich von ihr, weil ich die grundlosen Beschuldigungen satt habe.« Oder: »Wenn sie es sowieso glaubt, kann ich auch fremdgehen.«

Doch diese negativen Grundeinstellungen können wir mit Hilfe unserer Sprache ändern, indem wir uns selbst positiv instruieren, uns also selbst anleiten. Im folgenden leite ich die jeweilige Instruktion mit einem kleinen Beispiel ein. Am Ende der Instruktion finden Sie die entsprechende Kurzform, den Kernsatz, der hinter dem neuen Verhalten steht.

... ich versuche ...

Angenommen, Sie hören jemanden sagen: »Okay, ich versuche, beim nächsten Mal, wenn ich keine Zeit habe, das Babysitting bei meiner Freundin abzulehnen.«
Und Sie hören jemanden sagen: »Wenn ich keine Zeit habe, lehne ich das Babysitting bei meiner Freundin ab.«

STOP
Bevor Sie weiterlesen, nehmen Sie sich die Zeit und sagen Sie sich beide Sätze laut vor! Welche Aussage wird Sie eher dazu bringen, sie einzuhalten?

Betrachten Sie ein »Ich werde versuchen ...« als das, was es ist. Eine Umschreibung von: »Mal sehen, vielleicht, wenn nichts dazwischenkommt, warten wir es erst einmal ab.« Oder von: »Am liebsten wäre es mir, wenn ich nichts tun müßte.«

Vergessen Sie die Worte: »Ich werde es versuchen.« Sagen Sie: »Ich werde es tun.«

... ich kann nicht ...

Angenommen, Sie hören jemanden sagen: »Ich kann mich mit Worten gegen einen Mann nicht zur Wehr setzen.«
Und Sie hören jemanden sagen: »Ich habe bis jetzt wenig verbale Auseinandersetzungen mit Männern für mich entscheiden können. Ich kann damit anfangen, mit bekannten Männern im normalen Gespräch gegenteilige Positionen zu beziehen.«

STOP
Bevor Sie weiterlesen, nehmen Sie sich die Zeit und sagen sich beide Sätze laut vor! Welcher Satz läßt vermuten, daß Sie Fortschritte machen werden?

Es mag sein, daß es für Sie eine Herausforderung ist, mit Männern verbale Auseinandersetzungen zu haben. Wenn Sie behaupten, Sie könnten eine solche Diskussion nicht gewinnen, dann blockieren Sie sich selbst. Es gibt nur sehr wenig, was Sie oder ich nicht tun können. Ich habe noch nie an dem alljährlichen Lauf durch die Sahara teilgenommen, mag keine Hitze und versuche, hochgradigen Erschöpfungszuständen aus dem Weg zu gehen. Wenn ich will, kann ich an dem Lauf durch die Sahara teilnehmen. Finanzielle Aufwendungen, eine intensive, vielleicht jahrelange Vorbereitung wären notwendig – und ich kann teilnehmen. Ich will nicht, und ich garantiere Ihnen, daß ich nicht teilnehmen werde – aber ich kann, wenn ich will.

Wir möchten gerne unsere Vorstellungen verwirklichen, und wir werden alles tun, um uns selbst zu bestätigen. Die Einschätzung: »Ich kann nicht …« ist gleichbedeutend mit »Ich werde nie …«

Vergessen Sie die Worte: »Ich kann das nicht.« Sagen Sie: »Ich habe das bisher noch nicht gemacht. Aber ich werde können, wenn ich will.«

… ich habe ein Problem …

Angenommen, Sie hören jemanden sagen: »Ich habe ein Problem damit, neue Freunde zu finden.«

Und Sie hören jemanden sagen: »Es ist für mich eine Herausforderung, neue Freunde zu finden.«

STOP
Bevor Sie weiterlesen, nehmen Sie sich die Zeit und sagen sich beide Sätze laut vor! Welche Form beinhaltet bereits die stillschweigende Erklärung, daß es auch nicht gelingen wird, neue Freunde zu finden?

Herausforderungen oder Gelegenheiten erfordern Ihr Denken und Ihre Aufmerksamkeit. Probleme blockieren Ihr Denken und klingen nach Schwierigkeiten. Kein Mensch will Probleme. Und deshalb wird er ihnen aus dem Weg gehen, wird vermeiden, daran zu denken und sie auch wahrscheinlich nicht lösen. Es sei denn, jemand anderes nimmt sich dieser Angelegenheit an. Aber das wollen wir nicht. Wir sind für uns selbst verantwortlich, und wir werden die Gelegenheit nutzen, um zu lernen und uns weiterzuentwickeln.

Vergessen Sie die Worte: »Ich habe ein Problem.« Sagen Sie: »Das ist eine Gelegenheit.«

... es ist unmöglich ...

Angenommen, Sie hören jemanden sagen: »Die Autofahrer auf den Autobahnen sind so rücksichtslos. Ich fahre so selten auf einer Autobahn, da lasse ich es besser bleiben. Es ist mir nicht möglich, dich zum Flughafen zu fahren.«

Und Sie hören jemanden sagen: »Die Autofahrer auf den Autobahnen sind sehr rücksichtslos. Es wird für mich eine Herausforderung sein, dich zum Flughafen zu fahren. Ich werde mich vorher über die beste Fahrtroute informieren und defensiv fahren. Von Dränglern lasse ich mich nicht beirren.«

STOP
Bevor Sie weiterlesen, nehmen Sie sich die Zeit und sagen sich beide Sätze laut vor!

Es gibt nicht viele Dinge, die Sie nicht erreichen können. Warum geben Sie Ihren Bemühungen kaum eine Chance?

Es mag schwierige Dinge geben. Ziele, die Sie noch nie erreicht haben. Und wenn Sie schon vorher davon überzeugt sind, werden Sie sie auch nie erreichen. Einige Frauen haben Schwierigkeiten, die von mir veranstalteten Selbstbehauptungskurse in jeder Schulungseinheit zu besuchen. Sie wissen sehr genau, daß ein optimaler Nutzen nur bei einem regelmäßigen Besuch gewährleistet ist. Sie melden sich zu den Kursen an, kennen vorher jeden Termin und teilen mir dann mit, daß es ihnen an diesem oder jenem Abend nicht möglich ist zu kommen, da sie dies oder jenes geplant hätten.

Anstatt die Zeit zu investieren, um Fortschritte in den Bereichen der Selbstbehauptung zu machen, widmen Sie sich anderen Tätigkeiten. Nicht möglich – in solchen Momenten frage ich mich, ob es Ihnen auch nicht möglich ist, beispielsweise eine Reparatur an den Bremsen Ihres Fahrzeuges wahrzunehmen?

Vergessen Sie die Worte: »Das ist unmöglich.« Sagen Sie: »Das fordert besondere Anstrengungen – es ist machbar.«

Was ist nun der Hintergrund dieser neuen Denkweisen? Warum sollten Sie Ihre Sprache verändern? Wenn Sie sich in Ihrem Leben ein Ziel setzen, sollten Sie drei wichtige Punkte beachten.

▶ *Benutzen Sie positive Formulierungen.* Sie haben es schon mehrfach in diesem Buch gelesen. Alles was Sie tun, können Sie positiv ausdrücken und bewerten. Es ist zu Ihrem Nutzen. Sprechen Sie davon, was Sie tun wollen, nicht davon, was Sie alles nicht tun wollen. Wenn Sie Ihr Gewicht verringern möchten, können Sie (negativ) denken: »Ich will keine Süßigkeiten mehr essen.« Die Folge davon ist, daß permanent das Wort Süßigkeiten in Ihrem Kopf herumschwirrt. Sie können an nichts anderes mehr denken. Wählen Sie statt dessen die Worte: »Ich werde jeden Abend zwei Äpfel essen.« In dieser Formulierung ist schon der zweite Punkt enthalten.

▶ *Benutzen Sie konkrete und realistische Formulierungen.* Sie könnten auch sagen, daß Sie eigentlich mehr Obst essen sollten. Dies ist zwar positiv, aber äußerst unkonkret. Damit lassen Sie sich zuviel Freiraum, um auszuweichen. Bei Formulierungen, die unendlich dehnbar sind, schafft man es immer irgendwie, sein Verhalten so zu interpretieren, daß man scheinbar das Ziel doch erreicht. Damit kommen Sie jedoch nicht zum Erfolg. Das Ziel muß auch realisierbar sein. Sie können in einer Woche Ihr Gewicht nicht um fünf Kilo reduzieren. Zumindest nicht mit dauerhaftem Erfolg. Sagen Sie nicht: »Ich will dünner werden.« Sagen Sie: »Ich will in einem Monat zwei Kilo abnehmen.«

▶ *Wille und Vorstellung müssen in eine Richtung gehen.* Das ist doch so bei mir! Oder? Ihr Wille ist das, was Sie nach außen hin verkünden. Es kann sein, daß Sie sagen: »Ich lege mich ins Bett.« Sie tun das auch, um zu schlafen. Gleichzeitig vermuten Sie schon, Sie *stellen* sich *vor*, daß Sie sich schlaflos im Bett wälzen werden. Was glauben Sie, wird geschehen? Ihre Erwartung wird das, was geschehen wird, prägen. Alles, was um uns herum passiert, wird irgendwann vorher gedacht. Denken Sie an erfolgreiche Handlungsalternativen, an die Bewältigung von Konfliktsituationen. Denken Sie nicht an Niederlagen. Sie gehen als Sieger, als Gewinner aus dem Geschehen hervor.

Verhalten in verschiedenen Situationen

Die nachfolgend ausgesprochenen Empfehlungen sind grundsätzlich anwendbar und dienen der Gefahrenvermeidung und Risikominimierung. Sie sind jedoch keine Garantie, daß Sie von Übergriffen verschont bleiben.

Nicht immer ist es möglich, alles anzuwenden, und es gibt auch keine Reihenfolge der Vorschläge. *Oftmals stehen verschiedene Alternativen gleichberechtigt nebeneinander.* Es ist vom Täter, Ihren Stärken und den Umständen abhängig, welchen Weg Sie gehen sollten. In jedem Fall ist eines wichtig: *Als Frau sind Sie in keiner Weise verantwortlich für den sexuellen Übergriff – der Täter ist verantwortlich.*

Denken Sie über die verschiedenen Belästigungs- und Bedrohungssituationen nach. Zum Beispiel:

▶ Was sagen Sie, wenn ein Mann Sie mit den Worten: »Komm schon, stell dich nicht so an« anmacht?

▶ Wie verhalten Sie sich, wenn Ihnen auf einer Feier einer der Gäste zu nahe kommt?

▶ Was tun Sie, wenn Sie an einer Straßenecke warten und ein vorbeigehender Mann faßt Sie kurz am Gesäß an?

Trauen Sie Ihren Gefühlen. Wenn Sie das Gefühl haben, in einer unangenehmen Situation zu sein – dann liegen Sie richtig! Wenn Ihnen etwas unangenehm wird, unterbrechen Sie sofort. Grenzen müssen klar gesetzt werden, weil Körpersprache mißverständlich sein kann und Gedankenübertragung nicht funktioniert.

Verhalten auf der Straße

Bettina ist um 18.30 Uhr auf dem Weg vom Bahnhof nach Hause. Kurz hinter dem Bahnhof bemerkt sie einen jungen Mann, der ziemlich verwahrlost aussieht. Nach kurzer Zeit hat sie den Eindruck, daß er ihr folgt.

STOP
Bevor Sie weiterlesen, nehmen Sie sich die Zeit und versetzen Sie sich in Bettinas Situation und entscheiden Sie sich für ein Verhalten.

In einer solchen Situation bieten sich grundsätzlich zwei Möglichkeiten an, darauf zu reagieren. Sie können versuchen, wegzulaufen oder den Verfolger akzeptieren. Und denken Sie daran, es gibt immer die beiden Alternativen, daß es sich a) um einen harmlosen Passanten und b) um einen realen Verfolger handelt.

Vielleicht glauben Sie, daß es noch andere Auswege aus dieser Situation gibt. Sie möchten in Hauseingänge laufen, klingeln, Passanten ansprechen oder um Hilfe schreien. Alle Ideen befreien Sie jedoch nicht von der Überlegung, was zu tun ist, wenn Sie allein sind. Zudem sind die Vorschläge oft nur Variationen der beiden Grundmuster wegzulaufen oder stehenzubleiben.

1. Weglaufen

Abb. 5 Frau läuft vor einem Mann davon.

STOP
Bevor Sie weiterlesen, nehmen Sie sich die Zeit und überlegen Sie sich, wohin dieses Verhalten führen kann.

---

a) *Angenommen, der Verfolger ist ein harmloser Passant*
Es kann ein »Memoryeffekt« entstehen. Ein sinnloses Verhalten, das negative Folgen in sich birgt, wird als erfolgreiche Strategie

angesehen. Denn die »Flucht« wird in jedem Fall gelingen, weil es keine ist. Das Verhalten wird möglicherweise auch noch weiterempfohlen.
Meine Bewertung: Negativ

Ihre Bewertung und Begründung:

Obwohl uns dies egal sein kann: Was wird der Passant wohl denken, wenn Sie panikartig vor ihm flüchten?
Meine Bewertung: Neutral

Ihre Bewertung und Begründung:

b) *Angenommen, der Verfolger ist real*
Das Opfer läuft in eine »Sackgasse«. Die Verfolgte läuft in Bereiche, in denen sie sich dem Täter ausliefert. Entweder weil keine weitere Flucht mehr möglich ist oder keine hilfsbereiten Passanten vor Ort sind.
Meine Bewertung: Negativ

Ihre Bewertung und Begründung:

Der Verfolger ist schneller. Er wird die Frau, vermutlich von hinten, in einem körperlich erschöpften Zustand erreichen. Etwa 70 % aller Frauen sind langsamer als Männer. Möglicherweise kommt das Opfer während der Flucht zu Fall.
Meine Bewertung: Negativ

Ihre Bewertung und Begründung:

Die Frau kann entkommen, und die Flucht war erfolgreich. Der Täter rechnet mit einem Fluchtverhalten und hat sich darauf eingerichtet, während die Verfolgte oftmals ungünstiges Schuhwerk für einen Lauf trägt und keine Ortskenntnis besitzt. Wie hoch ist die Wahrscheinlichkeit einer erfolgreichen Flucht?

Meine Bewertung: Positiv, wenn die Flucht gelingt (Wenn sich keine bessere Möglichkeit bietet, können wir ja noch einmal darauf zurückkommen.)

Ihre Bewertung und Begründung:

2. Stehenbleiben und den Täter ansprechen

Abb. 6 Frau spricht Verfolger an

a) *Angenommen, der Verfolger ist ein harmloser Passant*
Wie schon beim Weglaufen sind uns die Gedanken des Passanten
egal.
Meine Bewertung: Neutral bis Negativ
Angenommen, Sie geraten an einen cholerischen Zeitgenossen,
dem Ihre Verdächtigungen mißfallen. Sie haben dann zumindest
eine ungewollte Diskussion.

Ihre Bewertung und Begründung:

b) *Angenommen, der Verfolger ist real*
Die bedrohte Frau nimmt dem Täter die natürliche Hemmschwelle, einen Fremden anzusprechen. Sie unterstützt damit den
Täter. Möglicherweise ist der Täter sich nicht sicher, ob er ein geeignetes Opfer gefunden hat. Wenn die Frau beim Ansprechen
unsicher wirkt, kann dies dem Täter signalisieren, fündig geworden zu sein.
Meine Bewertung: Negativ

Ihre Bewertung und Begründung:

3. Stehenbleiben oder Entgegengehen und den Täter stumm passieren lassen

Abb. 7 Frau geht dem Mann entgegen

STOP
Bevor Sie weiterlesen, nehmen Sie sich die Zeit und überlegen Sie sich, wohin dieses Verhalten führen kann.

a) *Angenommen, der Verfolger ist ein harmloser Passant*
Dieses Verhalten hat keine Auswirkungen, weil es normal ist.
Meine Bewertung: Positiv

Ihre Bewertung und Begründung:

b) *Angenommen, der Verfolger ist real*
Die Frau gewinnt einen Anteil an der Tatherrschaft. Sie bestimmt
Ort und Zeit der Auseinandersetzung. Sie ist vorbereitet.
Meine Bewertung: Positiv

Ihre Bewertung und Begründung:

Das vermeintliche Opfer hat die Überraschung auf seiner Seite.
Der Täter muß entgegen seinem ursprünglichen Plan handeln.
Durch ein Entgegengehen verringert sich noch die Zeit, die einem
Aggressor bleibt, um sich eine neue Strategie zurechtzulegen. Er
muß sich dem Verhalten der Frau anpassen.
Meine Bewertung: Positiv

Ihre Bewertung und Begründung:

Der Täter hat die Hemmschwelle des Ansprechens und muß sich
eine neue, für diesen Ort und diese Zeit passende Geschichte einfallen lassen.
Meine Bewertung: Positiv

Ihre Bewertung und Begründung:

Machen Sie für erdachte Bedrohungssituationen eine vergleich-
bare Aufstellung. Sprechen Sie mit Ihrem Partner oder einer
Freundin über die Durchführbarkeit.
Stellen Sie sich vor, Sie wären ein Täter, der ein Opfer bedrohen

möchte. Wie würden Sie sich verhalten, wenn Menschen in der Nähe sind? Wie würden Sie reagieren, wenn auf der Straße vom Opfer ein Riesenkrach ausgelöst wird? Würden Sie seelenruhig mit Ihrer Tat fortfahren?

STOP
Bevor Sie weiterlesen, nehmen Sie sich Zeit und überlegen Sie sich, was Sie bei einer (vermeintlichen) Verfolgung tun würden.

Möglichkeiten

▶ Planen Sie Ihre Wege und vermeiden Sie Abkürzungen durch unbeleuchtete und menschenleere Bereiche.

▶ Denken Sie in diesem Zusammenhang an einen Übergriff. Stellen Sie sich vor, was Sie tun werden. Wohin laufen Sie? Wo können Sie um Hilfe bitten? Wo ist das nächste Polizeirevier, Krankenhaus, offene Restaurant, die nächste Telefonzelle oder der nächste offene Laden?

▶ Seien Sie aufmerksam und achten Sie auf Ihre Umgebung. Bewegen Sie sich bewußt und dokumentieren Sie nach außen, daß Sie wissen, wo Sie hingehen.

▶ Wenn Sie eine Handtasche oder Tasche mit sich tragen, nutzen Sie diesen Umstand zu Ihrem Vorteil. Schleudern Sie die Tasche in Richtung Täter. Sie verschaffen sich Zeit für einen körperlichen Angriff oder eine erfolgversprechende Flucht.

▶ Tragen Sie in Ihrer Tasche oder an Ihrem Schlüsselanhänger nicht Ihre Adresse mit sich herum. Für den ehrlichen Finder genügt ein Hinweis auf das zuständige Fundbüro oder eine sichere Ersatzadresse, beispielsweise die Arbeitsstelle.

▶ Verzichten Sie auf Kleidung, die Ihre Bewegungen einschränkt und Ihnen bestimmte Bewegungen vorgibt. Wie beispielsweise ein enger Rock, der Ihnen kleine Schritte aufzwingt.

▶ Sollen Sie Auskünfte an Fußgänger oder Autofahrer geben, achten Sie auf einen ausreichenden Sicherheitsabstand von mindestens zwei Armlängen.

▶ In manchen Fällen spricht der Täter sein Opfer vor der Tat an, fragt nach Wegen, Uhrzeit oder Kleingeld. Wenn Sie möchten, geben Sie Auskunft, lassen Sie sich jedoch nicht auf ein Gespräch ein. Gehen Sie nach der Auskunft zügig und selbstbewußt weiter. Halten Sie den Mann dabei, für ihn erkennbar, visuell unter Kontrolle. Es zeugt von Überlegenheit, wenn Sie sich frühzeitig umdrehen und seinen Standort kontrollieren. Wenn Sie weitergehen und starr nach vorn schauen, kann sich ein Täter von hinten nähern.

▶ Werden Sie nach dem Weg gefragt, wird diese Frage oft mit einem »Sind Sie von hier?« eingeleitet. Antworten Sie nicht darauf. Sie geben persönliche Informationen weiter, die den Fragesteller nichts angehen. Fragen Sie nur zurück, was er wissen möchte oder wie Sie helfen können.

▶ Wenn Sie eine drohende Gefahr vorher erkennen, gehen Sie einen Umweg. Auch wenn es länger dauert und unbequem ist.

▶ Bei vermuteter Verfolgung wechseln Sie schnellstens die Straßenseite und halten nach beleuchteten Hauseingängen Ausschau. Klingeln Sie.

▶ Verursachen Sie Lärm. Schlagen Sie im Notfall eine Scheibe ein (hierdurch werden bei vielen Geschäften Alarmanlagen ausgelöst). Lösen Sie Feuermelder aus, die an vielen öffentlichen Gebäuden zu finden sind.

▶ Suchen Sie Licht und Leute. Möglichkeiten hierzu bieten zum Beispiel gut ausgeleuchtete Straßen, Gaststätten und Haltestellen. Laufen Sie nicht in einen Ihnen unbekannten Bereich.

▶ Sollten Sie die Möglichkeit sehen, telefonieren zu können: Die Telefonnummer 110 (Polizei) und 112 (Feuerwehr) sind bei Tastentelefonen (egal ob Karten- oder Münztelefon) kostenlos. Sie benötigen weder Münzen noch eine Telefonkarte. Wählen und telefonieren Sie mit dem Rücken zur Wählscheibe. Geben Sie zunächst Ihren genauen Standort durch. Sollten Sie sich nicht auskennen, finden Sie den Ort der Telefonzelle meist auf einem Schild am Telefon. Bestehen Sie darauf, daß die Verbindung bis zum Eintreffen von Hilfe bestehen bleibt. Um so größer ist die Hemmung für einen Täter, zuzugreifen. Teilen Sie der Polizei zuerst Ihren Standort mit. Damit kann bei einer Unterbrechung des Anrufes auf jeden Fall der Weg zu Ihnen gefunden werden.

► Vermeiden Sie, einen Verfolger zu Ihrem Haus oder der Wohnung zu führen. Das nächste Mal könnte er Sie dort erwarten. Gehen Sie zur Polizei oder in öffentliche Bereiche, Gaststätten oder zu einem Freund.

► Für den Fall, daß Sie randalierenden Gruppen begegnen – gehen Sie ihnen aus dem Weg, lassen Sie sich nicht provozieren und provozieren Sie nicht selbst. Machen Sie keine abfälligen Bemerkungen über deren Frisur, Kleidung oder Verhalten. Wenn der Kontakt nicht vermeidbar ist, wenden Sie sich an den Wortführer.

Eigene Ideen und Ergänzungen

Verhalten in der Wohnung

Es ist Samstag. Etwa 10.00 Uhr. Beate räumt gerade die Spülmaschine aus, als es an der Tür klingelt. Sie öffnet, und Klaus steht davor. Klaus ist ein guter und langjähriger Freund ihres Mannes. Er kommt, um sich eine Stichsäge auszuleihen. Das war auch so mit dem Ehemann von Beate abgesprochen. Nur ist der mal eben in den Baumarkt gefahren. Beate weiß nicht, wo die Stichsäge liegt, und so bittet sie Klaus, auf ihren Mann zu warten. Beate bietet ihm einen Kaffee an. Als sie in der Küche steht und mit der Kaffeemaschine hantiert, kommt Klaus in die Küche, drückt sich von hinten an Beate, erfaßt beide Oberarme und beginnt, sie an den Armen zu streicheln. Klaus sagt ihr, daß er sie bewundert, weil sie so patent ist, den Haushalt so gut bewältigt, daß sie so nett sei, daß man sich mit ihr so gut unterhalten kann ...

Beate wand sich seitwärts aus dem Griff und schrie Klaus an: »Wenn dir unsere Freundschaft auch nur etwas bedeutet, verschwindest du sofort und läßt dich die nächsten Tage hier nicht mehr blicken.«
Nach etwa zwei Monaten hatte sich das Verhältnis zwischen Klaus und Beate normalisiert. Er unternahm keine Annäherungsversuche mehr.

Möglichkeiten

▶ Wenn eine unangenehme Situation eintritt, ertragen Sie die Belästigung nie aus Höflichkeit, sondern bestehen unmißverständlich und sofort darauf, daß »er« gehen soll.

▶ Wenn »er« der Aufforderung nicht nachkommt, sollten Sie sich bewußt machen, daß Sie auch Ihre eigene Wohnung verlassen können, um einer Gewaltsituation zu entkommen. Das Verlassen der Wohnung kann durch das Angebot eingeleitet werden, aus der Küche etwas zum Essen oder Trinken zu holen. Dann nehmen Sie Ihren Haustürschlüssel und verschwinden ohne Vorankündigung. Im Notfall auch ohne Schlüssel.

▶ Vergessen Sie, daß es »Ihre Wohnung« ist und er gehen sollte.

▶ Für den Fall, daß sich noch Kinder in der Wohnung aufhalten, seien Sie versichert, daß Sie ihnen keinen Gefallen tun, wenn Sie schlimmstenfalls vor den Augen der Kinder vergewaltigt werden. Der Täter ist niemand, der von seiner Motivation her gegen Kinder tätig wird oder Wertsachen mitnimmt. Bevor Sie gedanklich widersprechen, fragen Sie sich eingehend, wem es nützt, wenn Sie bleiben. Glauben Sie, daß Sie eine Tat durch Ihr Bleiben verhindern können?

▶ Kommen Sie so schnell wie möglich mit »Verstärkung« zurück. Je nach Wohnlage und Tages- oder Nachtzeit können Sie schon nach weniger als einer Minute wieder da sein.

▶ Denken Sie im Vorfeld an die Installation von Sicherheitssystemen in der Wohnung. Geeignete Tür- und Fenstersicherungen sollten vorhanden sein. Vergessen Sie nicht, daß eine Sicherung nicht nur ungebetene Gäste draußen hält. Es erschwert der Feuerwehr im Notfall den Zugang und hält Sie in der Wohnung gefangen. Es gibt Fenstergitter, die sich bei Gefahr von innen öffnen lassen. *Nicht* geeignet sind Sperrketten, die mit kurzen Schrauben befestigt und von geringer Stärke sind. Die mitgelieferten Schrauben sind meist zu kurz, und ein Schloß ist nur so gut wie seine schwächste Stelle. In diesem Fall die Verankerung. Die Sperren müssen heftige Stöße oder Schläge aushalten können.

▶ Türspione sollten ein Minimum von 180 Grad Sicht bieten. Wenn Sie durch den Spion schauen, schalten Sie hinter sich das Licht aus, denn sonst kann man Sie sehen, wenn es im Flur dunkel ist. Alarmanlagen können eine sinnvolle Ergänzung darstellen.

▶ Überdenken Sie die Notwendigkeit eines zweiten Telefonanschlusses, beispielsweise im Schlafzimmer.

▶ Mit Ihren Nachbarn sollten Sie einen halbwegs guten Kontakt halten. Sonst könnte es sein, daß diese sich die Hände reiben, wenn es zu Hilfeschreien oder Kampfgeräuschen kommt. Kennt man sich, ist die Hilfsbereitschaft größer.

▶ Versuchen Sie, die Identifikation einer Wohnung, die nur von Frauen/einer Frau bewohnt wird, zu erschweren. Das Fehlen eines Vornamens oder die Abkürzung mit Initialen in Telefonbüchern und auf Klingelschildern ist leider schon hinreichend bekannt. Fügen Sie statt dessen einen zusätzlichen (männlichen) Namen oder den Ihres Wellensittichs hinzu. Damit steht nicht fest, ob Sie allein in der Wohnung leben. Die Fragen, wer denn jetzt dieser Mann ist, sind zu ertragen und führen bestenfalls zu amüsanten Spekulationen.

▶ Befestigen Sie an Ihrem Schlüsselbund keinen Adreßanhänger, der direkte Rückschlüsse auf Ihre Wohnung zuläßt.

▶ Polizeiläden oder Polizeibeamte der vorbeugenden Kriminalitätsbekämpfung bieten Ihnen gerne Beratungen an. Diese sind kostenlos, aber nicht umsonst.

▶ Sollten Sie glauben, mit einem Hilfeschrei Hilfe erwarten zu können, vergessen Sie es. Schreien Sie »Feuer«, weil sich Nachbarn dadurch auch selbst bedroht fühlen und eher einmal zum Telefonhörer greifen.

▶ Wenn Sie selbst verdächtige Personen in der Nachbarschaft beobachten, rufen Sie die Polizei, wenn Sie glauben, daß es notwendig ist. Zögern Sie nicht, wenn es für Sie konkrete Anhaltspunkte gibt.

▶ Wenn Ihnen Besuch von fremden Personen auch unangenehm ist – reagieren Sie in jedem Fall auf ein Klingeln.

Sophia beobachtet aus ihrem Fenster zwei Personen, die mit einem Zeitungsbündel unter dem Arm und zwei Rucksäcken auf dem Rücken von Haustür zu Haustür ziehen. Sie beschließt, diesen offensichtlichen Zeitungswerbern die Tür nicht zu öffnen, und reagiert auf das Klingeln überhaupt nicht. Sie möchte einem Gespräch aus dem Weg gehen. Eine Minute nach dem Klingeln hört sie Geräusche aus dem Wohnzimmer, schaut nach und sieht die beiden angeblichen Zeitungswerber dabei, wie sie die Terrassentür aufhebeln. In Wirklichkeit handelte es sich um Einbrecher, die mit Klingeln überprüfen wollten, ob jemand zu Hause ist.

▶ Erscheinen bei Ihnen Boten oder Lieferanten, achten Sie auf vorhandene Firmenwagen oder Ausweise und führen Sie einen telefonischen Rückruf durch, wenn Sie Zweifel an der Identität haben. Das gilt auch für Angestellte von Gaswerken, Elektrizitätswerken, Heizungsableser oder Polizisten. Erfragen Sie die Firma, und suchen Sie sich die Telefonnummer selbst. Wenn Sie die Rufnummer von der Person erhalten, kann sich hinter dem Anschluß ein Komplize verbergen.

▶ Sollten Sie das Gefühl haben, einen ungebetenen Besucher in Ihrer Wohnung zu haben, betreten Sie sie nicht und holen Sie sofort professionelle Hilfe. Auch hier teilen Sie bei einem Notruf zuerst Ihre Adresse mit, damit die Örtlichkeit gefunden werden kann.

▶ Sind Sie bereits oder noch in der Wohnung, versuchen Sie sie zu verlassen und vermeiden Sie in jedem Fall die Konfrontation mit dem Gegenüber.

▶ Wenn Sie mit einem Aufzug fahren wollen, in dem sich bereits eine Person befindet, und Sie haben ein ungutes Gefühl, betreten Sie ihn nicht. Gehen Sie über die Treppe oder warten Sie.

▶ Kommt es in einem Aufzug zu einem Übergriff, drücken Sie alle Knöpfe. Damit wird der Aufzug schnellstmöglich anhalten. Lassen Sie die Finger vom Nothalteknopf. Sie stecken dann mit dem Täter zwischen zwei Stockwerken. Und das wollen Sie doch nicht. Zum Drücken müssen Sie in der Nähe der Bedienungsknöpfe stehen.

Eigene Ideen und Ergänzungen

Verhalten im Auto

Bettina kommt zu Besuch ihrer Mutter in die Heimatgemeinde. Von der Kreisstadt aus nimmt sie ein Taxi. Auf dem Weg zur Ortschaft biegt der Taxifahrer unvermittelt auf einen Feldweg. Bettina fragt sofort, wo der Fahrer hinfahren will. Dieser gibt an, eine Abkürzung benutzen zu wollen. Bettina weiß, daß es hier keine Abkürzung gibt. Der Weg führt nur in den Wald. Sie merkt, wie Angstgefühle in ihr wach werden und schreit den Fahrer an, daß er sofort anhalten soll. Der Fahrer sagt kein Wort und fährt weiter.

> **STOP**
> Bevor Sie weiterlesen, nehmen Sie sich die Zeit und überlegen Sie, was Bettina tun sollte.

Bettina kurbelte die Seitenscheibe herunter und warf die Sonnenbrille des Fahrers und einige Musikkassetten aus dem Fenster. Der Taxifahrer stoppte sofort und schrie sie an. Bettina sprang aus dem Wagen, und der Fahrer brauste davon.

Möglichkeiten

▶ Trampen Sie grundsätzlich nicht. Einige Täter spezialisieren sich gezielt auf Anhalterinnen. Durch die Mitnahme ist für die Täter am schnellsten eine Situation herzustellen, in der sie ohne Zeugen auf die Frau einwirken können. Eine Hemmschwelle, die fremde Frau anzusprechen, besteht durch das Mitnahmegespräch nicht oder ist herabgesetzt.

▶ Wenn Sie trampen, akzeptieren Sie keinesfalls eine Mitfahrt mit mehreren Männern.

▶ Nehmen Sie selbst keine Anhalter oder Anhalterinnen mit.

▶ Parken Sie in hellen und übersichtlichen Bereichen; nutzen Sie das Angebot von Frauenparkplätzen in Parkhäusern. Aber glauben Sie nicht, daß jeder Frauenparkplatz ein sicherer Ort ist. Ein Schild wird Sie vor nichts schützen. Der Platz muß aufgrund seiner Lage und Beschaffenheit vor Übergriffen schützen.

▶ Besonders kritisch sollten Sie gegenüber dieser Art von Parkplätzen auf Autobahnen sein. Die Flächen sind dort gelegentlich richtig gut ausgeleuchtet, während rundherum alles dunkel ist.

▶ Wenn Sie zu Ihrem eigenen Auto gehen, nehmen Sie frühzeitig Ihren Schlüssel in die Hand. So können Sie im Notfall schneller einsteigen.

▶ Schauen Sie immer in Ihren Wagen, bevor sie einsteigen. Auch wenn er offenbar verschlossen ist, könnte sich jemand darin verstecken.

▶ Wenn Sie Ihren Wagen verlassen und zu Ihrem Haus oder Ihrer Wohnung gehen, nehmen Sie noch im Wagen den Schlüssel in die Hand. Dies kann Ihnen einen entscheidenden Zeitvorteil bringen.

▶ Sollte es irgendwann notwendig werden, suchen Sie Mitfahrgelegenheiten vorrangig bei anderen Frauen.

▶ Fahren Sie im Notfall oder bei einer vermuteten Verfolgung Polizeidienststellen, Tankstellen, Taxenstandplätze oder andere Einrichtungen an, wo Sie Menschen vorfinden.

▶ Machen Sie sich frühzeitig mit Tür-, Fenster- und Sicherheitsmechanismen vertraut. Nur so kommen Sie im Notfall schnell aus dem Wagen heraus.

► Seien Sie aufmerksam und beobachten Sie, ob die vereinbarte Fahrtstrecke eingehalten wird.

► Wenn die vereinbarte Fahrtstrecke nicht eingehalten wird oder der Fahrer zudringlich wird, bestehen Sie darauf, sofort auszusteigen. Bequemlichkeit kann hier einem Übergriff Vorschub leisten. Wie lange möchten Sie warten? Bis er die Möglichkeit hat, auf einen Waldweg abzubiegen? Auf der einsamsten Landstraße ist es sicherer, als bei diesem Mann im Auto.

► Ihr Ziel ist jetzt, aus dem Wagen herauszukommen.

► Solange er fährt, kann nicht viel passieren.

► Fahren Sie, machen Sie sich spätestens jetzt mit dem Gedanken vertraut, Ihren Wagen (auch mit Schlüssel) einfach stehenzulassen. Wenn der Mann Ihren Wagen stehlen will, macht er das auch so. Aber seien Sie versichert, ihm kommt es auf etwas anderes an.

► Drohen Sie in geeigneten Fällen mit einer Informationsweitergabe an die Familie, Ehefrau oder den Arbeitgeber.

► Nutzen Sie belebte Bereiche und natürliche Haltephasen wie Ampelstops oder verkehrsbedingtes Halten zum raschen Verlassen des Wagens.

► Sie können im belebten Verkehrsraum mit Hupen und Warnblinklicht auf sich aufmerksam machen. Wenn Sie anhalten und aus irgendeinem Grund im Fahrzeug bleiben möchten, stellen Sie Ihr Fahrzeug so ab, daß es für andere ein Hindernis ist. So könnten andere Fahrer auf Sie aufmerksam werden. Bedenken Sie, daß sich hierbei die Möglichkeit eines Unfalls ergeben kann.

► Denken Sie darüber nach, in ausweglosen Situationen (langsam) auf ein anderes Auto aufzufahren und damit einen kleinen Unfall zu produzieren.

► Wenn jemand trotz Aufforderung nicht anhält, öffnen Sie *ohne Ankündigung* ein Fenster und werfen alle Gegenstände (CD's, Kassetten, Sonnenbrille, Inhalt des Handschuhfachs) hinaus, die im Auto greifbar sind. Hierdurch entsteht ein Schockmoment für den Täter, und andere Verkehrsteilnehmer werden aufmerksam. Das Öffnen des Fensters können Sie zunächst durch Ihr Verlangen nach Frischluft oder eine beginnende Übelkeit erklären.

▶ Wichtig ist, daß Sie diese Strategien schnell, konsequent und rechtzeitig verfolgen. Wenn das einsame Waldgelände oder der Feldweg erreicht ist, verlieren diese erfolgversprechenden Methoden ihre Wirkung.

▶ Überdenken Sie, ob es Ihnen gelingt, Ekel hervorzurufen (Popel an die Scheibe schmieren, in den Sitz urinieren, Menstruation, Krankheiten vorgeben).

▶ Zetteln Sie keinen Kampf im fahrenden Wagen an. Versuchen Sie keine Stuntman-Manöver, wie aus dem Wagen springen, die Handbremse ziehen oder in das Lenkrad greifen.

▶ Frauen berichteten von Taxifahrern, die versuchten, an ihnen herumzufummeln. Bestehen Sie bei der Taxenbestellung auf weibliche Fahrerinnen. Nehmen Sie im Fond des Taxis Platz, könnte die Kindersicherung Ihnen ein Verlassen des Wagens erschweren. Sitzen Sie vorn, hat der Fahrer einen leichteren Zugriff auf Sie. Sie müssen selbst entscheiden, was für Sie die bessere Lösung ist. Da das »schwarze Schaf« unter den Taxifahrern die Ausnahme darstellt, empfehle ich Ihnen, im Fond des Wagens Platz zu nehmen.

▶ Lassen Sie sich nicht auf lange Diskussionen ein. Das Fehlverhalten des Täters muß konkret und laut bezeichnet werden. Er muß unmißverständlich auf seine Grenzen aufmerksam gemacht werden. Bezeichnen Sie genau, was Sie stört und wie Sie sich sein weiteres Verhalten vorstellen.

▶ Denken Sie daran, daß er im Unrecht ist, nicht Sie. Es ist vollkommen in Ordnung, daß Sie die Aufmerksamkeit auf sich ziehen. Das kann die Belästigung sofort stoppen.

Eigene Ideen und Ergänzungen

Verhalten in öffentlichen Verkehrsmitteln

Sabine steigt am frühen Abend in die S-Bahn ein. Sie setzt sich an das Fenster und schaut in die Schwärze des Tunnels. An der nächsten Station betritt ein Mann mit einer Plastiktüte die S-Bahn, setzt sich neben sie und holt aus der Plastiktüte ein Pornoheft. Sabine schaut kurz, räuspert sich zwar, bleibt sitzen und schaut weiter aus dem Fenster. Nach zwei Stationen beginnt ihr Hals zu schmerzen, weil sie mittlerweile vollkommen verkrampft ist.

STOP
Bevor Sie weiterlesen, nehmen Sie sich die Zeit und überlegen Sie, was Sabine tun sollte.

Sabine ist sehr aufgeregt und will gleichzeitig nicht von ihrem Platz aufstehen. Sie überlegt sich genau, was sie sagen will, und spricht dann den Mann laut an: »Nehmen Sie das Pornoheft vor meinem Gesicht weg. Ich will das nicht.« Der Mann wird sofort von den umsitzenden Fahrgästen angeschaut. Er bekommt einen hochroten Kopf, packt sein Heft ein, geht zur Tür und steigt unter den Beschimpfungen einiger Fahrgäste an der nächsten Station aus.

Möglichkeiten
- ▶ Seien Sie nicht zu früh an einer Haltestelle. Das erspart Ihnen lange Wartezeiten und unangenehme Begegnungen.
- ▶ Benutzen Sie einen Bus, suchen Sie sich einen Platz in der Nähe des Fahrers oder bei anderen Gästen.
- ▶ In S- und U-Bahnen ist der erste Wagen derjenige, der vom Zugführer besetzt ist. Trommeln Sie im Notfall an die Tür.
- ▶ Der beste Kampf ist der, der nie stattgefunden hat. Dort, wo die Konfrontation zu vermeiden ist, sollte sie vermieden werden. Deshalb stehen Sie in öffentlichen Verkehrsmitteln kommentarlos auf und gehen.
- ▶ Wenn Sie bleiben, lassen Sie sich nicht auf Diskussionen ein. Das Fehlverhalten des Täters muß konkret und laut bezeichnet werden. Ein »Lassen Sie das« lädt den Mann zu einem »Was

denn?« oder »Wie bitte?« ein. Besser ist: »Nehmen Sie sofort die Hand von meinem Po, von meinem Bein oder von meiner Brust.« Zuschauer werden sich eher mit Ihnen solidarisch erklären, wenn Sie einen guten Grund haben. Glauben Sie nicht, daß alles das, was Sie gesehen oder gespürt haben, im gleichen Moment von allen anderen Anwesenden genauso wahrgenommen wurde. Unbeteiligte wollen nichts bemerken, um nicht helfen zu müssen. Deshalb ist deren Vorstellung vom Geschehen eher harmlos.

▶ Und denken Sie wieder daran, daß er im Unrecht ist. Es ist vollkommen in Ordnung, daß Sie die Aufmerksamkeit auf sich ziehen. Damit können Sie die Belästigung sofort stoppen.

▶ Wollen Sie um Hilfe bitten, machen Sie es sofort. Warten Sie nicht.

▶ Sprechen Sie Personen, die Ihnen helfen wollen, direkt an. Mit einem: »Helft mir doch« oder »Helfen Sie mir« heben Sie nicht die schützende Anonymität auf. Besser ist es, wenn Sie die Menschen mit einer Hilfsbezeichnung identifizieren: »Sie mit der roten Jacke …« Damit weiß derjenige, daß alle Anwesenden auf ihn schauen, und er wird eher bereit sein, zu helfen.

▶ Falls es nicht erkennbar ist, begründen Sie, warum Sie um Hilfe bitten. Sonst haben die Unbeteiligten wieder einen »guten Grund«, nicht zu helfen.

▶ In öffentlichen Verkehrsmitteln kann bei reinen Belästigungssituationen die Drohung mit der Notbremse wahre Wunder wirken. Ihnen sollte jedoch klar sein, daß Sie jede Drohung gegebenenfalls durchsetzen müssen. Sollten Sie das nicht tun, verlieren Sie an Glaubwürdigkeit. Der Täter wird Sie nicht mehr ernst nehmen. Und falls Sie es nicht wissen – auch für Bedrohungssituationen werden solche Hilfseinrichtungen wie Notbremsen eingebaut. Wenn Sie sie nicht benutzen möchten, ist es Ihre Entscheidung.

Eigene Ideen und Ergänzungen

Möglichkeiten der Hilfeleistung

Vor einigen Jahren ertranken auf dem Olympiagelände in München in einem flachen Teich zwei kleine Kinder, während eine Gruppe von Erwachsenen um den Teich herum stand und zuschaute.

Menschen finden oftmals gute Gründe, um etwas nicht zu tun. Sei es aus Angst oder Bequemlichkeit. Werden Unbeteiligte von Gewalttaten gefragt, warum sie nicht helfend einschreiten, sind Sätze wie: »Was hab ich mit denen zu tun?«, »Was geht mich das an?« oder »Ich wußte nicht, was ich tun sollte!« zu hören.

Die Bereitschaft zur Hilfeleistung entsteht in einem mehrstufigen, gedanklichen Ablauf. Zunächst wird festgestellt, daß »etwas nicht in Ordnung ist«, worauf dann möglicherweise eine echte Notlage erkannt wird. Danach ist es notwendig, daß die Helferin ihre eigene Verantwortung erkennt und bewertet. Erst dann entscheidet sie sich für eine bestimmte Art der Hilfe. Während dieses Prozesses entscheidet die Person, welchen Nutzen ihr die Hilfeleistung einbringt und welche Nachteile damit verbunden sein können. Dabei spielen situationsabhängige wie auch personenabhängige Faktoren eine Rolle. Opfern, die gesehen werden, wird eher als Unsichtbaren (Rufenden) geholfen. In vertrauter Umgebung ist die Hilfsbereitschaft größer als in fremder Umgebung. Die Kompetenz der Helferin ist auch wichtig. Beherrscht sie Selbstverteidigungstechniken oder hat sie Kenntnisse in Erste Hilfe, ist ihre Bereitschaft zu helfen größer.

Doch auch das Aussehen des Opfers ist von Bedeutung. Ist es häßlich oder verwahrlost, wird nicht so gern geholfen. Ist es der Helferin ähnlich oder gutaussehend, ist die Wahrscheinlichkeit der Hilfeleistung größer.

Möglichkeiten

▶ Beachten Sie die Vorschläge aus dem Kapitel »Verhalten in der Öffentlichkeit« und »Verhalten im Auto / öffentlichen Verkehrsmitteln«.

▶ Sollten Sie selbst Zeugin von Gewalt werden, denken Sie daran, den ersten Schritt zu tun. Die Unterstützung, die man selbst gibt, kann einmal die eigene »letzte Rettung« sein.

► Wenn Sie eine Bedrohung oder Belästigung sehen, fragen Sie sich: »Was wünsche ich mir, wenn ich so angemacht werde?«

► Haben Sie sich zur Hilfeleistung entschlossen, sprechen Sie das Opfer an. Vermeiden Sie, mit dem Täter zu reden. Er wendet sich möglicherweise der neuen Gefahr zu. Und das sind Sie. Besser ist es, zum Opfer gewandt, zu sagen: »Gehen Sie da weg, kommen Sie zu mir rüber« oder: »Ich rufe die Polizei, den Zugbegleiter …«

► Sie müssen möglichst früh intervenieren. Warten Sie nicht. Je länger Sie warten, desto größer ist der Gesichtsverlust des Täters und um so schwieriger wird es für ihn, den Rückzug anzutreten. Handeln Sie intelligent, lassen Sie ihm die Möglichkeit, sich der Auseinandersetzung zu entziehen, und helfen Sie damit dem Opfer.

► Fragen Sie das Opfer *nicht*, ob es Hilfe benötigt. Entweder es sieht nach einer Hilfesituation aus oder nicht. Sollte keine Hilfe notwendig sein, werden Sie es bemerken.

► Mit erdachten Folgen, die mit den Worten: »wenn, aber, hätte, könnte …« beginnen, können Sie sich überall herausreden. Aber nicht vor sich selbst.

► Wer Hilfe leistet und dabei Schaden nimmt, ist durch die gesetzliche Unfallversicherung als Nothelfer geschützt. Die Antragstellung erfolgt bei der Stadt- oder Gemeindeverwaltung. (Sozialgesetzbuch VII § 2 Abs. 1 Nr. 13.) Nothelfern werden nach SGB VII § 13 auch Sachschäden und Aufwendungen ersetzt.

Eigene Ideen und Ergänzungen

Exhibitionismus

Haben Sie bereits einschlägige Begegnungen erlebt? Was haben Sie dabei gefühlt? Wie lange bleibt das Erlebte im Gedächtnis? Was glauben Sie, fühlt ein kleiner Junge oder ein kleines Mädchen, das in die gleiche Situation gerät? Möchten Sie, daß Ihr Kind einem Exhibitionisten ausgesetzt wird?

STOP
Bevor Sie weiterlesen, nehmen Sie sich die Zeit und denken Sie über diese Fragen nach.

Möglichkeiten
▶ Ignorieren Sie den Täter so weit wie möglich, gehen Sie weiter und benachrichtigen Sie die Polizei.
▶ Vermeiden Sie, den Mann mit »coolen Sprüchen« lächerlich zu machen. Was tun Sie, wenn es dem Aggressor nicht gefällt und er tätlich wird?

Einige Männer gehen im Laufe ihrer Exhibitionistenkarriere irgendwann einmal zu Tätlichkeiten über. Für andere ist der Exhibitionismus nur ein kleiner Bestandteil der gesamten Tätigkeitspalette. Niemand kann verläßliche Aussagen darüber treffen, ob und wann dies geschehen wird oder ob ein Exhibitionist »nur« ein Exhibitionist ist.
Nicht jede Frau oder jedes kleine Kind hat die Möglichkeit der Anzeige und kann die Situation gut verkraften. Erkennen Sie, daß eine Anzeige bei der Polizei notwendig ist.

Belästigende Telefonanrufe

▶ Gehen Sie nicht auf den Anrufer ein. Die kleinste Reaktion wie Zuhören oder Nachfragen kann diese Täter zum Weitermachen ermutigen. Nach einer englischen Studie ist der schlimmste Dämpfer das Ausbleiben einer Reaktion, Stille oder das wortkarge Auflegen des Hörers.

► Eine Blockierung kann auch erfolgen, wenn ein Mann den Hörer abnimmt oder der Anschein erweckt wird, daß ein Mann im Raum ist.

► Benutzen Sie eine Trillerpfeife oder elektrischen Schrillalarm. Neuere Telefonapparate regeln leider einen zu lauten Ton herunter. So kann ein noch so lauter Pfiff bei dem Empfänger nur als angenehmes Säuseln ankommen.

► Denken Sie an Möglichkeiten wie die Nutzung eines Anrufbeantworters oder die Nichteintragung in Telefonauskunft und Telefonbücher. Lassen Sie in jedem Fall die Straßenangabe im Telefonbuch und in der Telefonauskunft entfernen. Mit der neuen Komfortauskunft erfährt jeder Interessierte Ihre Adresse, wenn Sie gegenüber dem Telefonbetreiber nicht widersprochen haben.

► Die Idee, seine geschlechtliche Identität durch die ausschließliche Angabe des Nachnamens oder des abgekürzten Vornamens zu verschleiern, ist eher nutzlos, da sie auch zum letzten Mann dieser Erde bereits vorgedrungen ist. Eine solche Nummer zu wählen ist der einfachste Weg, eine alleinstehende Frau zu erreichen.

► Es gibt mittlerweile Codegeräte, die nur bestimmte Anrufer (mit veränderbarer Codenummer) durchstellen.

► Kein Mensch zwingt Sie, sich mit Namen zu melden. Wer bei Ihnen anruft, möchte etwas von Ihnen. Deshalb genügt ein »Hallo« völlig. Bei dummen Fragen können Sie durch ein »Wen möchten Sie denn sprechen?« unliebsame Anrufer blockieren.

► Gehen Sie davon aus, daß Sie den unerwünschten Anrufer kennen. Gerade hier handelt es sich oftmals um Personen aus dem näheren Umfeld.

► Wenden Sie sich an die Polizei. Denken Sie daran, daß die Polizei zur Anzeigenaufnahme verpflichtet ist. Anrufe mit beleidigendem Charakter stellen eine Straftat dar.

► Fangschaltungen können Sie auf eigene Kosten über den jeweiligen Netzbetreiber schalten lassen. Die Polizei wird diese Fangschaltungen in der Regel nicht veranlassen. Dazu müssen Straftaten vorliegen.

Zusammenfassung

Niemals aus Bequemlichkeit eine Belästigungssituation ertragen oder sich in eine Gefahrensituation begeben.

Niemals Ihren Willen aus Rücksicht auf Bekanntschaften oder Freundschaften unterordnen.

Niemals auf Ihrem Recht auf Eigentum bestehen, wenn Sie dadurch eine körperliche Auseinandersetzung vermeiden können.

Niemals aus falscher Scham mit dem Anprangern einer Belästigungssituation oder der Bitte um Hilfe zögern.

Niemals aus Angst vor finanziellen Ansprüchen in Gefahrensituationen auf einen Notruf verzichten oder diesen hinauszögern.

Und in einer Überfallsituation: *Wehren Sie sich nicht. Geben Sie Ihr Eigentum auf und behalten sie Ihre Gesundheit.*

Hilfsmittel zur Verteidigung

Der Markt mit Sicherheitsartikeln boomt. Wir werden überschwemmt von Hilfsmitteln, die eine Verteidigung effektiver machen sollen.

Nicht empfehlenswerte Hilfsmittel

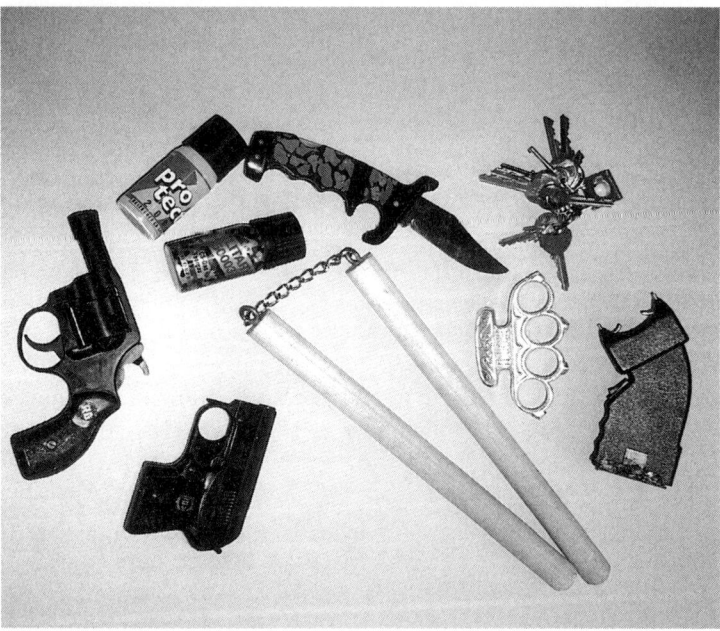

Abb. 8 Schlüsselbund, Messer, Schirm, Schlagwerkzeuge, Elektroschockgeräte, Tränengassprays

Beim Kauf und der Verwendung dieser Artikel müssen Sie an die Vor- und Nachteile dieser Produkte denken. Nicht in jedem Fall wirken sie so, wie es die Werbung verspricht. Außerdem sollten Sie wissen, daß einige der abgebildeten Hilfsmittel, wie das Schlagholz oder der Schlagring, verboten sind. Sie machen sich strafbar, wenn Sie diese besitzen.

STOP
Bevor Sie weiterlesen, nehmen Sie sich die Zeit und überlegen Sie sich, was Sie über das Hilfsmittel wissen, das Sie mit sich herumtragen oder zu Hause liegen haben.

Messer, Stock, Schirm

Sie müssen zur Anwendung das Messer öffnen und dieses in den Körper des Angreifers stoßen, beziehungsweise mit einem Stock oder Schirm nach empfindlichen Körperstellen stoßen oder fest schlagen. Das gleiche gilt für den »schweren Schlüsselbund« oder andere Schlagwerkzeuge.
Ein intensives und beständiges Training ist für eine sichere Anwendung nötig.

Elektroschockgeräte

Die erzeugte Hochspannung (bis 175000 Volt) mit geringem Strom bewirkt bei Körperkontakt eine vorübergehende Lähmung der Muskulatur sowie eine extrem starke Reizung der Schmerznerven. Die Preise für diese Geräte liegen von etwa 90 bis über 300 DM. Ab ca. 4 sec. Einwirkung zeigt sich die erwünschte paralysierende Wirkung auf den Körper des Angreifers. Sind Sie in der Lage, einen Angreifer für diese Zeitdauer festzuhalten?
Die Geräte sind auch durch Bekleidung wirksam. Sie schlagen keine Funken auf den Anwender zurück und sind selbst für Täter mit Herzschrittmacher ungefährlich.
Aber auch hier gilt: Erst das Training ermöglicht eine sichere Anwendung.

Tränengas in Dosen oder in Pistolen

In kleinen Räumen wie Hausfluren, Autos, kleinen Zimmern, Toiletten, Telefonzellen oder Aufzügen besteht durch die Vergasung und Ausbreitung in alle Richtungen eine Eigengefährdung. Gas kennt nun mal weder Freund noch Feind. Auch bei Wind, großer Entfernung und Kälte ist das Gas schlecht anzuwenden beziehungsweise nur eingeschränkt wirksam. Es kann zu der Anwenderin zurückwehen.

Das Gas ist oftmals brennbar und feuergefährlich. Etwa 30 % der Menschen zeigen eine relative Unempfindlichkeit gegen CN-Gas.

Tiere zeigen nur eine bedingte oder gar keine Reaktion.

Es beginnt beim Täter erst nach 5 bis 15 Sekunden zu wirken. In dieser Zeit ist er noch absolut handlungsfähig. Danach besteht noch eine eingeschränkte Handlungsfähigkeit. Der Angreifer kann sich zum Aufhalten der Augen zwingen und agieren. So wurden Polizeibeamte in den Vereinigten Staaten von Amerika nach der Anwendung von Tränengas noch so massiv angegriffen, daß sie ihr Leben verloren. Im Sommer 1997 tötete in Frankfurt am Main ein Straftäter einen Passanten, nachdem dieser zuvor versucht hatte, ihn mit mehreren Sprühstößen aus einem Tränengas kampfunfähig zu machen. Bei Aggressoren unter Drogen und Alkoholeinfluß tritt hingegen keine oder nur eine bedingte Reaktion ein.

Die Menge in den Dosen reicht nicht für eine längere Sprühdauer aus. Aber gerade das lange Sprühen ist unter Streß wahrscheinlich. Zudem kann der Täter nur aus einer relativen Nahdistanz von bis zu 2 m effektiv bekämpft werden. Sie müssen einen Verfolger also an sich herankommen lassen oder selbst auf ihn zugehen.

Die Wirkung von Gaspistolen wird leichtfertig unterschätzt. Tödlich wirkende Schußverletzungen sind möglich. Um aber überhaupt schießen zu können, muß die natürliche Hemmung, auf einen Menschen zu schießen, überwunden werden.

Die Anwendung der Geräte muß trainiert werden.

Pfefferspray

Bei einem Kontakt im Gesicht wird ein zwanghafter Lidschluß hervorgerufen; der Angreifer muß *sofort* die Augen schließen. Das gilt auch bei Tätern unter Drogen und Alkoholeinfluß. Im Gegensatz zu Tränengas wirkt Pfefferspray zu nahezu 100 %. Die damit verbundene Orientierungslosigkeit kann bis zu 45 Min. anhalten. Auch Tiere sprechen auf das Pfefferspray an. Park-Ranger in den USA nutzen das Spray sogar gegen aggressive Bären.

Die Anwendungsreichweite beträgt 3 bis 5 Meter mit einem ballistischen Strahl, der bei leichtem Wind stabil bleibt und selbst bei stärkerem Wind nicht zum Angreifer zurückgeblasen wird. Allerdings verlangt das Spritzen auf einen Menschen die Überwindung einer natürlichen Hemmschwelle.

Die Anwendung des Gerätes muß daher trainiert werden, denn schließlich muß das Gesicht des Angreifers anvisiert werden.

Bei einem Kauf sollten Sie darauf achten, ein natürliches Produkt zu erwerben. Die künstlich generierten Produkte könnten durch unbekannte Inhaltsstoffe unerwünschte Nebenwirkungen haben.

Generelle Nachteile

Je nach Größe des Hilfsmittels ist es nur schlecht verfügbar. Sie müssen jedes Hilfsmittel in Sekundenbruchteilen griffbereit haben. Dies verlangt ständiges Training und ein stetiges Mitführen im betriebsbereiten Zustand. Der Schwerpunkt Ihrer Aufmerksamkeit liegt daher auf der vermeintlichen Hilfe und kann in entscheidenden Momenten vom Täter abgelenkt werden. Sie denken nicht mehr über alternative Möglichkeiten der Gegenwehr nach, weil Sie sich auf Ihre Waffe verlassen. Ob Sie sie anwenden können oder ob sie etwas nützt, wissen Sie nicht.

Zudem ist eine enorme Eigengefährdung bei den vorgenannten Hilfsmitteln vorhanden. Es sind leider Übergriffe bekannt, die erst durch den Einsatz des vom Opfer mitgeführten Hilfsmittels möglich wurden.

Hemmungen bei der Anwendung können durch mangelndes Training und ungewohnte Handhabung auftreten.

Abb. 9 Pfefferspray

Empfehlenswerte Hilfsmittel

Entscheidend für eine Empfehlung ist die fehlende Möglichkeit für den Täter, das Hilfsmittel gegen die Anwenderin einzusetzen.

Bei Lärmgeräten wird der Täter überrascht und sich dem Lärm zuwenden oder fliehen. Die Frau ist nicht überrascht, da sie mit der Wirkungsweise vertraut ist. Unbeteiligte Dritte können aufmerksam werden und Hilfe leisten. Empfehlenswert sind daher:

▶ Lärmgeräte, die elektrisch oder mit Druckluft funktionieren.

▶ Trillerpfeife.

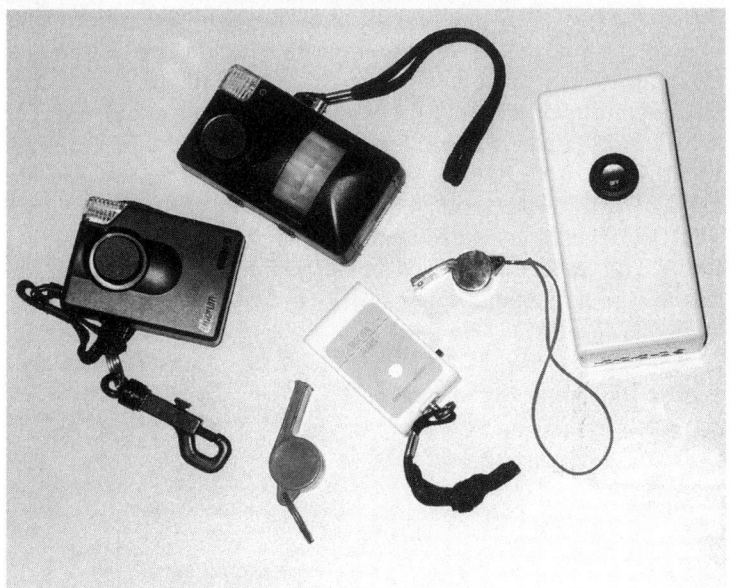

Abb. 10 Lärmgeräte, Trillerpfeife

Gleichzeitig ist es wichtig zu wissen, daß Sie sich nicht unbedingt auf die Wirkung verlassen dürfen, da sie keine Hilfeleistung garantieren und das Verhalten des Täters niemals vorhersehbar ist. Bei allen Geräten ist eine regelmäßige Kontrolle der Funktionsfähigkeit erforderlich.

Der Sicherheitsmarkt bietet auch Kapseln mit einer Stinktieressenz an, die eine Frau um den Hals tragen soll. Dies mag zwar ungewöhnlich oder extravagant sein. Ich bezweifle jedoch, daß es im Ernstfall gelingt, diese zu zerdrücken, um sich für den Täter unattraktiv zu machen. Befragte Frauen lehnen eine Anwendung generell ab.
Die besten Hilfsmittel hingegen sind Ihre eigenen Körperwaffen.

Sie sind immer verfügbar und leicht einzusetzen. Sie können Ihre Hände und Füße nicht vergessen oder verlieren. Der Täter kann sie Ihnen nicht wegnehmen und gegen Sie einsetzen. Doch das ist nur ein Teil. Ihr Verhalten muß nach außen dokumentieren: »Mit mir nicht. Ich bin kein leichtes Opfer!« Es ist wichtig, daß diese Einstellung für jedermann sichtbar ist. Darum kann es erforderlich sein, unklare Verhaltensweisen abzulegen und ein neues Selbstverständnis über sich selbst zu finden. Sie müssen die eigenen Grenzen herausfinden und nach außen hin zweifelsfrei darstellen.

Eigene Ideen und Ergänzungen

Ausblick

Gute Selbstbehauptungskurse führen zu unvorhersehbaren Erfolgen. Frauen können in kürzester Zeit mit langanhaltender Wirkung ein gesundes Selbstbewußtsein entwickeln. Doch wird auch hier die Prävention von seiten des Opfers verlangt. Dies erscheint vor dem Hintergrund der Ursachen sexueller Gewalt eigentümlich. Und doch verständlich.

Vorbeugung auf seiten der Täter ist denkbar schwierig. Wie wollen Sie Männer mit frauenfeindlichen und gewalttätigen Einstellungen zur Teilnahme an einem Kursangebot motivieren?

Die Konstitutionsbedingungen von Geschlechterrollen lassen sich so schnell nicht verändern. Für beide Geschlechter ist es schwierig, das Jahrmillionen alte Erbe umzuorganisieren. Neue Leitbilder und Werte für Männer lassen sich nicht einfach durch Information und Aufklärung durchsetzen.

Hierzu erscheinen Sozialisationsprozesse geeigneter. Diese müssen ihren Ansatz in Erziehung und Ausbildung der jungen männlichen Mitglieder unserer Gesellschaft haben. Es ist eine Erziehung zu liebevollen und liebenswerten Männern nötig. Wenn Söhne im Kindesalter der Gewalt ausgesetzt sind und wir im Erwachsenenalter gegen sie den Vorwurf des gewalttätigeren Geschlechts erheben, liegt ein Fehler im System. Typisch männliche und typisch weibliche Eigenschaften müssen in einem jungen Menschen die Möglichkeit erhalten, sich zu mischen und gegenseitig zu ergänzen.

Aber was bedeutet das? Unsere Kinder sollen lernen, was wir gelernt haben oder etwas anderes? Und das wäre dann?

Vielleicht beginnt es bei einer Revision der Lehrmaterialien in Schulen, die Rollenverhalten auferlegen und Klischeevorstellungen stärken. Frauen werden vorwiegend in ihrer Rolle als Hausfrau und Mutter gezeigt, sind ungeschickt und passiv, während der Mann den technisch begabten Abenteurer darstellt. Eine weitere

Veränderung könnte Hauswirtschaft als Pflichtfach für Jungen sein. Damit haben sie die Gelegenheit, den Wert dieser Tätigkeit zu erkennen. Die Verhaltensweisen müssen altersgerecht dargeboten und trainiert werden.

Haben Sie in Ihrer Schule etwas über Methoden der Kindererziehung gehört? Welche Qualifikation außer der geschlechtlichen Reife benötigen Menschen in unserer Gesellschaft, um Kinder zu erziehen?

Es sollte in einem ausgewogenen Maß über die Gefahren und Annehmlichkeiten, die mit Sexualität zusammenhängen, informiert werden. Junge Frauen müssen gleichermaßen auf Zurückweisung wie Initiative vorbereitet werden. Männer benötigen den Respekt vor dem anderen Geschlecht.

Ziel eines jeden Mädchens sollte es sein, eine autonome und für sich selbst verantwortliche Frau zu werden. Gleichberechtigung ist in diesem Zusammenhang gleichbedeutend mit Gleichverpflichtung.

Für den Mann sollte die Bitte um Hilfe keine Schwäche darstellen. Er muß lernen, seinen Gefühlen nachzugeben und ihnen Ausdruck zu verleihen. Die Probleme berufstätiger Väter sind gleichermaßen wichtig wie die berufstätiger Mütter. Sowenig wie Frauen zum Sexualobjekt degradiert werden dürfen, sollten Männer zum Erfolgsmensch stilisiert werden.

Die Rituale, die sich mit dem Kennenlernen beschäftigen, könnten sich neu konstituieren. Warum laden sich Mann und Frau nicht abwechselnd zu einem Essen ein oder bekochen sich wechselseitig?

Die Regeln in einer Beziehung können schon sehr früh festgelegt werden. Wenn beim ersten gemeinsamen Essen der Mann für beide zahlt, die Frau dem Mann erst zweimal eine Einladung ausschlägt, um dann beim dritten Mal plötzlich zuzustimmen, wird genau dieses Verhalten die spätere Beziehung prägen. Die Regel wird sein, daß er wirbt, gewöhnt ist, die mehrfache Zurückweisung über sich ergehen zu lassen und darauf zu warten, bis sich ihr NEIN in ein JA verwandelt. Und wenn sich dieses Verhalten einbürgert und bewährt, warum sollte es auch nicht im sexuellen Bereich so funktionieren?

Die Frau sollte sich bei Verabredungen unabhängig und aufmerksam zeigen. Sie macht beispielsweise Vorschläge über den Verlauf des Rendezvous. Der Partner wird spüren, daß sie einen eigenen Willen hat, und sie kann erkennen, ob er bereit ist, ihren Willen zu akzeptieren.

Die Rollenbilder beider Geschlechter sind eine Herausforderung, und deswegen haben es beide Geschlechter schwer mit dem Kennenlernen. Frauen befürchten möglicherweise einen Übergriff oder daß der Mann »nur das eine will«. Männer befürchten, zurückgewiesen oder ausgenommen zu werden.

Neue Verhaltensmuster müssen bereits im Klassenzimmer erprobt und verinnerlicht werden. Wenn sich auch nicht von heute auf morgen alles ändern wird, so entsteht doch Verständnis für das andere Geschlecht, wenn man(n) oder frau erst einmal in die Rolle des anderen geschlüpft ist.

Gewalt in Form von Sprache und Körpersprache muß schon früh verpönt werden, damit keine Gewöhnung an diese Art der Kommunikation eintritt. Erziehungslehrziele an deutschen Schulen umfassen seit 1976 Punkte wie Sprachkompetenz, Kommunikationsfähigkeit, Kooperationsbereitschaft und die Fähigkeit, sich an Normen zu orientieren. Warum nimmt dann die Gewalt zu? Offenbar erfüllt auch die Schule ihren Erziehungsauftrag nur unzureichend.

Bereits das Kind braucht Autoritäten in seiner Umgebung, an denen es sich orientieren kann, damit es ein Wertebewußtsein, Kompetenz und Sozialverhalten aufbauen kann. Vieles tut es nur, um auszuprobieren, was geschieht, wenn es an die Grenzen des Erlaubten stößt. Wenn dann gar nichts passiert oder inkonsequenterweise nur gelegentlich, lernt es etwas Falsches. Das Kind weiß dann nicht, warum es die Rechte und Freiräume anderer beeinträchtigt. Es kann kein Rechts- oder Schuldbewußtsein aufbauen.

Solange Männer andere Männer, die nicht die Initiative ergreifen, als »Feiglinge« bezeichnen, oder solche, die es ungeschickt anfangen als »Trottel«, wird die Zahl der Vergewaltigungen nicht sinken. Bei einer Frau, die Sex zurückweist, stellt sich niemand die

Frage, ob sie unweiblich ist. Ein Mann, der Sex ablehnt, ist abnormal – denn Männer können ja immer und mit jeder, oder? Frauen müssen lernen, daß Männer ihnen einen Korb geben, und Männer sollten lernen, daß sie Sex ablehnen dürfen. Männer und Frauen sollten sich gegenseitig unterstützen, Traditionen aufzubrechen und ein neues funktionales Beziehungsgeflecht zu knüpfen. Veränderungen münden dann möglicherweise in politischen Veränderungen wie der Schaffung entsprechender Gesetze. Statt sich auf Frauen- oder Männerbewegungen zu konzentrieren, sollten die Aktivisten dieser Gruppierungen an einer Bewegung teilnehmen, die Geschlechterrollen auflöst. Die Diskussion über eine etwaige Dominanz des einen über das andere Geschlecht ist überflüssig, solange die Zukunft der nächsten Generation im ungewissen liegt.

Für Anregungen und Kritik zu diesem Buch bin ich dankbar:

Rudi Heimann
Grabenstraße 22
65 618 Selters

Anhang

Gesetzestexte

Auf den folgenden Seiten sind weitere wichtige Straftatbestände im Zusammenhang mit sexuellen Übergriffen aufgeführt.

---

§ 176 StGB Sexueller Mißbrauch von Kindern

(1) Wer sexuelle Handlungen an einer Person unter vierzehn Jahren (Kind) vornimmt oder an sich von dem Kind vornehmen läßt, wird mit Freiheitsstrafe von sechs Monaten bis zu zehn Jahren, in minder schweren Fällen mit Freiheitsstrafe von bis zu fünf Jahren oder mit Geldstrafe bestraft.

(2) Ebenso wird bestraft, wer ein Kind dazu bestimmt, daß es sexuelle Handlungen an einem Dritten vornimmt oder von einem Dritten vornehmen läßt.

(3) Mit Freiheitsstrafe bis zu fünf Jahren oder mit Geldstrafe wird bestraft, wer

   1. sexuelle Handlungen vor einem Kind vornimmt,
   2. ein Kind dazu bestimmt, daß es sexuelle Handlungen an sich vornimmt, oder
   3. auf ein Kind durch Vorzeigen pornographischer Abbildungen oder Darstellungen, durch Abspielen von Tonträgern pornographischen Inhalts oder durch entsprechende Reden einwirkt.

(4) Der Versuch ist strafbar; dies gilt nicht für Taten nach Absatz 3 Nr. 3.

§ 179 StGB Sexueller Mißbrauch widerstandsunfähiger Personen

(1) Wer eine andere Person, die
1. wegen einer geistigen oder seelischen Krankheit oder Behinderung einschließlich einer Suchtkrankheit oder wegen einer tiefgreifenden Bewußtseinsstörung oder
2. körperlich

zum Widerstand unfähig ist, dadurch mißbraucht, daß er unter Ausnutzung der Widerstandsunfähigkeit sexuelle Handlungen an ihr vornimmt oder an sich vornehmen läßt, wird mit Freiheitsstrafe von 6 Monaten bis zu zehn Jahren bestraft.

(2) Ebenso wird bestraft, wer eine widerstandsunfähige Person (Abs. 1) dadurch mißbraucht, daß er sie unter Ausnutzung der Widerstandsunfähigkeit dazu bestimmt, sexuelle Handlungen an einem Dritten vorzunehmen oder von einem Dritten an sich vornehmen zu lassen.

(3) Der Versuch ist strafbar.

(4) Auf Freiheitsstrafe nicht unter einem Jahr ist zu erkennen, wenn
1. der Täter mit dem Opfer den Beischlaf vollzieht oder ähnliche sexuelle Handlungen an ihm vornimmt oder an sich von ihm vornehmen läßt, die mit einem Eindringen in den Körper verbunden sind
2. die Tat von mehreren gemeinschaftlich begangen wird oder
3. der Täter das Opfer durch die Tat in die Gefahr einer schweren Gesundheitsschädigung oder einer erheblichen Schädigung der körperlichen oder seelischen Entwicklung bringt.

(5) In minder schweren Fällen der Absätze 1, 2 und 4 ist auf Freiheitsstrafe von drei Monaten bis zu fünf Jahren zu erkennen.

(6) § 176 a Abs. 4 und § 176 b gelten entsprechend.

§ 182 StGB Sexueller Mißbrauch von Jugendlichen

(1) Eine Person über achtzehn Jahre, die eine Person unter sechzehn Jahren dadurch mißbraucht, daß sie

1. unter Ausnutzung einer Zwangslage oder gegen Entgelt sexuelle Handlungen an ihr vornimmt oder an sich von ihr vornehmen läßt

oder

2. diese unter Ausnutzung einer Zwangslage dazu bestimmt, sexuelle Handlungen an einem Dritten vorzunehmen oder von einem Dritten an sich vornehmen zu lassen,

wird mit Freiheitsstrafe bis zu fünf Jahren oder mit Geldstrafe bestraft.

(2) Eine Person über einundzwanzig Jahre, die eine Person unter sechzehn Jahren dadurch mißbraucht, daß sie

1. sexuelle Handlungen an ihr vornimmt oder an sich von ihr vornehmen läßt

oder

2. diese dazu bestimmt, sexuelle Handlungen an einem Dritten vorzunehmen, oder von einem Dritten an sich vornehmen zu lassen, und dabei die fehlende Fähigkeit des Opfers zur sexuellen Selbstbestimmung ausnutzt,

wird mit Freiheitsstrafe bis zu drei Jahren oder mit Geldstrafe bestraft.

(3) In den Fällen des Absatzes 2 wird die Tat nur auf Antrag verfolgt, es sei denn, daß die Strafverfolgungsbehörde wegen des besonderen öffentlichen Interesses an der Strafverfolgung ein Einschreiten von Amts wegen für geboten hält.

(4) In den Fällen des Absatzes 1 und 2 kann das Gericht von Strafe nach diesen Vorschriften absehen, wenn bei Berücksichtigung des Verhaltens der Person, gegen die sich die Tat richtet, das Unrecht der Tat gering ist.

Adressen

Im Anschluß finden Sie die Adressen von Einrichtungen, die Hilfe und Beistand in Notsituationen leisten. Diese Institutionen haben in vielen Städten Filialen. Die Adresse entnehmen Sie bitte dem Telefonbuch oder den Gelben Seiten.

Amtsgericht
Dies ist der zuständige Ansprechpartner für die Prozeßkostenhilfe.

Anwaltliche Hilfe
Fachanwälte für die jeweiligen Straftaten erfragen Sie bei den Hilfseinrichtungen oder schauen in die Gelben Seiten.

Frauenhäuser
Diese Orte geben Frauen in Notsituationen Schutz und gewähren Unterstützung. Sie sind Tag und Nacht erreichbar. Die Adressen werden im Interesse der Frauen geheimgehalten. Sie können sie aber telefonisch erreichen. Die Telefonnummer finden Sie unter dem Stichwort »Frauenhaus« im Telefonbuch.

Kriminalpolizeiliche Beratungsstelle
Diese Stellen führen Beratungen über Sicherungsmöglichkeiten der Wohnung und Vorbeugungsberatungen durch. Die Beamten kommen nach Terminvereinbarung gerne zu Ihnen nach Hause. Kostenlos – aber nicht umsonst. Die Information über die nächstgelegene Beratungsstelle, Polizeiladen oder den zuständigen Beamten der vorbeugenden Kriminalitätsbekämpfung gibt Ihnen Ihre Polizeidienststelle oder Sie erfragen sie beim Landeskriminalamt Ihres Bundeslandes:

Der Polizeipräsident in Berlin
LKA 14
12096 Berlin
Tel. 030/699-5

**LKA
Mecklenburg-Vorpommern**
Dezernat 100
Retgendorfer Straße 2
19067 Rampe
Tel. 03866/64-0

Polizeipräsidium Bremen
Kriminalpolizei 126
Am Wall 196a
28195 Bremen
Tel. 0421/362-12332

Polizei Hamburg
LKA 151
Beim Strohhause 31
20097 Hamburg
Tel. 040/283-1

LKA Sachsen-Anhalt
Dezernat 64
Lübecker Straße 63
39124 Magdeburg
Tel. 0391/250-0

LKA Rheinland-Pfalz
Dezernat 45
Valenciaplatz 1–7
55118 Mainz
Tel. 06131/65-0

LKA Brandenburg,
Dezernat 31.3
Prenzlauer Str. 66–70
16352 Basdorf
Tel. 0333/974-02

LKA Sachsen
Abteilung 2, Dezernat 201
Neuländer Straße 60
01129 Dresden
Tel. 0351/855-0

LKA Schleswig-Holstein
HSG 30
Mühlenweg 166, Haus 12
24116 Kiel
Tel. 0431/60-33

LKA Niedersachsen
Dezernat 25
Schützenstraße 25
30161 Hannover
Tel. 0511/3300

LKA Nordrhein-Westfalen
Dezernat 34
Völklinger Straße 49
40221 Düsseldorf
Tel. 0211/939-5

LKA Saarland
Dezernat 25
Graf-Johann-Str. 25–29
66121 Saarbrücken
Tel. 0681/962-0

Hessisches LKA
Zentralstelle für Vorbeugung
Hölderlinstraße 5
65187 Wiesbaden
Tel. 06 11 / 83-0

LKA Baden-Württemberg
Dezernat »Vorbeugung«
Taubenheimerstraße 85
70372 Stuttgart
Tel. 07 11 / 50 60-1

Bayerisches LKA
SG 134
Maillingerstraße 15
80636 München
Tel. 0 89 / 12 12-0

LKA Thüringen
Dezernat 15
Am Schwemmbach 8
99099 Erfurt
Tel. 03 61 / 3 41 09

Pro Familia
Eine Beratungsinstitution, die weitervermittelt und auch selbst
mit Fachleuten zur Seite steht. Sie ist Anlaufstelle für »die Pille
danach«. Die Beratungsstellen sind in der Regel alle anerkannt für
die Durchführung einer vor dem Schwangerschaftsabbruch vorge-
schriebenen Beratung. Orte, an denen dies nicht möglich ist, sind
kursiv gesetzt.

**Landesverband
Baden-Württemberg**
Haußmannstraße 6
70188 Stuttgart
Tel. 07 11 / 21 55-1 08
            -1 09

Beratungsstellen in:
Freiburg · Göppingen · Heidel-
berg · Heilbronn · Karlsruhe ·
Kirchheim / Teck · Konstanz ·
Leonberg · Ludwigsburg ·
Mannheim · Pforzheim · Reut-
lingen · Schwäbisch Hall · Sin-
gen · Stuttgart · Tübingen ·
Villingen · Waiblingen

Landesverband Bayern
Türkenstraße 103 / 1
80799 München
Tel. 0 89 / 33 00 84-0

Beratungsstellen in:
Augsburg · *Bamberg* · *Kempten* ·
München · Nürnberg · *Passau* ·
Regensburg · *Würzburg*

Landesverband Berlin
Ansbacher Straße 11
10787 Berlin
Tel. 030/2139020

Beratungsstellen in:
Ansbacher Straße · Gotzkow-
skystraße

Landesverband Brandenburg
Gartenstraße 42
14478 Potsdam
Tel. 0331/7408397

Beratungsstellen in:
Bad Freienwalde · Belzig ·
Brandenburg · Eisenhütten-
stadt · Frankfurt/Oder · Für-
stenwalde · Potsdam · Schwedt ·
Senftenberg · Templin · Witten-
berge

Landesverband Bremen
Hollerallee 24
28205 Bremen
Tel. 0421/3406060

Beratungsstellen in:
Hollerallee · Weserstraße ·
Bremerhaven

Landesverband Hamburg
Kohlöfen 21
20355 Hamburg
Tel. 040/343344

Beratungsstellen in:
Kohlhöfen · Bei der Johannis-
kirche

Landesverband Hessen
Schichaustraße 3–5
60314 Frankfurt am Main
Tel. 069/447061

Beratungsstellen in:
Alsfeld · Bad Hersfeld · Bens-
heim · Darmstadt · Dietzen-
bach · Frankfurt Zentrum ·
Frankfurt Bornheim · Frankfurt Höchst · Friedberg · Fried-
richsdorf · Fulda · Gießen ·
Hanau · Kassel · Laubach · Limburg · Marburg · Offenbach ·
Rüsselsheim · Schlüchtern ·
Wiesbaden

**Landesverband
Mecklenburg-Vorpommern**
Graf-Schack-Str. 14
18055 Rostock
Tel. 0381/31305

Beratungsstellen in:
Bergen · Güstrow · Ludwigslust ·
Ribnitz-Damgarten · Rostock ·
Stralsund · Wolgast

Landesverband Niedersachsen
Steintorstraße 6
30159 Hannover
Tel. 0511/363608

Beratungsstellen in:
Braunschweig · Cuxhaven · Emden · Göttingen · Goslar · Hannover · Helmstedt · Holzminden · Lüneburg · Oldenburg · Osnabrück · Peine · Salzgitter · Soltau · Stade · Uelzen · Wilhelmshaven · Wolfenbüttel · Wolfsburg

**Landesverband
Nordrhein-Westfalen**
Hofaue 63
42036 Wuppertal
Tel. 0202/24565 10

Beratungsstellen in:
Aachen · Bielefeld · Bochum · Bonn · Detmold · Düren · Düsseldorf · Duisburg · Gladbeck · Gütersloh · Köln · Köln Chorweiler · Krefeld · Leverkusen · Marl · Mettmann · Mönchengladbach · Münster · Oberhausen · Recklinghausen · Remscheid · St. Augustin · Schwelm · Solingen · Troisdorf · Witten · Wuppertal

**Landesverband
Rheinland-Pfalz**
Schießgartenstraße 7
55116 Mainz
Tel. 06131/236350-54

Beratungsstellen in:
Idar-Oberstein · Kaiserslautern · Koblenz · Landau · Ludwigshafen · Mainz · Trier

Landesverband Saarland
Mainzer Straße 106
66121 Saarbrücken
Tel. 0681/64566

Beratungsstellen in:
Neunkirchen · Saarbrücken

Landesverband Sachsen
Wurzner Straße 95
04315 Leipzig
Tel. 0341/2324319

Beratungsstellen in:
Aue · Chemnitz · Leipzig

**Landesverband
Sachsen-Anhalt**
Am Krähenberg 4
06118 Halle
Tel. 0345/5220636

Beratungsstellen in:
Eisleben · Halle · Hettstedt ·
Magdeburg · Nebra · Osterburg ·
Quedlinburg · Roßlau · Stendal ·
Zeitz

**Landesverband
Schleswig-Holstein**
Marienstraße 29–31
24937 Flensburg
Tel. 0461/90926-20

Beratungsstellen in:
Ahrensburg · Bad Oldesloe ·
Bad Segeberg · Flensburg ·
Geesthacht · Heide · Husum ·
Itzehoe · Kiel · Lübeck · Neu-
münster · Norderstedt · Rends-
burg

Landesverband Thüringen
Bahnhofstraße 27/28
99084 Erfurt
Tel. 0361/6438514

Beratungsstellen in:
Artern · Erfurt · Gera · Sonne-
berg · Weimar

Opfer- und Zeugenhilfe

Diese Hilfen bieten eine kostenlose Beratung, egal um welche
Straftat es sich handelt. Teilweise begleiten die Mitarbeiter Sie bei
dem Gang zur Polizei und/oder zum Gericht. Sie liefern Informationen über finanzielle Hilfsmöglichkeiten, vermitteln die Hilfen
anderer Organisationen und beraten im Umgang mit Behörden.

Ziel aller Einrichtungen ist es, Menschen, die Opfer einer Straftat geworden sind, zu unterstützen – sei es in reiner Parteilichkeit für das Opfer oder im Bemühen einer Konfliktschlichtung zwischen Tätern und Opfern.

Sie unternehmen nichts, was das Opfer nicht möchte, sichern Vertraulichkeit zu und achten den Wunsch nach Anonymität. Leider sind die Opferhilfen in der Bundesrepublik nicht allzu verbreitet.

Hilfe für Opfer von Straftaten in Berlin e. V.
Oldenburger Str. 9
10551 Berlin
Tel. 030/3952867

Hanauer Hilfe e. V.
Salzstr. 11
63450 Hanau
Tel. 06181/22026

Gießener Hilfe e. V.
Ostanlage 16
35390 Gießen
Tel. 0641/34044

Opferhilfe Limburg-Weilburg
Postfach 1414
65534 Limburg an der Lahn
Tel. 06431/45045

Opferhilfe Nordbaden
E 3, 11
68161 Mannheim
Tel. 0621/22285

Beratungsstelle für Opfer und Zeugen im Land Bremen e. V.
Am Dobben 16
28203 Bremen
Tel. 0421/320590
Keine Rufnummernanzeige des Anrufers

Wiesbadener Hilfe e. V.
Adelheidstr. 74
65185 Wiesbaden
Tel. 0611/3082324-25

Kasseler Hilfe e. V.
Wilhelmshöher Allee 101
34121 Kassel
Tel. 0561/282070

Opferhilfe Hamburg e. V.
Paul-Nevermann-Platz 2
22765 Hamburg
Tel. 040/381993

Opferhilfe Südhessen e. V.
Nicolayweg 7
64354 Reinheim
Tel. 06162/912100

**Zeugenhilfe bei den
Justizbehörden Frankfurt**
Gerichtsgebäude E
Hammelsgasse 1
60313 Frankfurt am Main
Tel. 069/1367-2636

Sonstige Einrichtungen
Sie finden hier Frauentaxen, Notrufeinrichtungen und Beratungsstellen. Letztere bieten die Möglichkeit zum Gespräch, die Information über medizinische und juristische Fragen und die Vermittlung von Ärztinnen, Anwältinnen und Therapeutinnen. Oftmals
werden Prozeßbegleitungen und Begleitungen zur Anzeigen-
erstattung angeboten. Auch Familienangehörige und Vertrauens-
personen, die ein Opfer unterstützen möchten, können sich an
diese Stellen wenden.

Frauentaxi
Flensburg
Tel. 0461/21400

Notruf für Frauen u. Kinder
Potsdam
Tel. 0331/964644

**Notruf und Beratung für
Frauen**
Kiel
Tel. 0431/91144

**Notruf für vergewaltigte
Frauen und Mädchen e. V.**
Eutin
Tel. 04521/73043

Frauen Nachttaxi
Lübeck
Tel. 0451/83636

**Notruf und Beratung für
Frauen**
Plön
Tel. 04522/742006

**Notruf für vergewaltigte
Frauen**
Bremen
Tel. 0421/15100

**Notrufgruppe für vergewaltigte
Frauen und Mädchen e. V.**
Neumünster
Tel. 04321/42303

**Notruftelefon für sexuell
Mißbrauchte**
Weyhe
Tel. 04203/788181

**Notruf für vergewaltigte und
mißhandelte Frauen und
Mädchen e. V.**
Barsinghausen
Tel. 05105/515356

**Notruf für vergewaltigte
Frauen und Mädchen e. V.**
Hildesheim
Tel. 05121/38529

**Notruf für vergewaltigte
Frauen und Mädchen**
Marburg
Tel. 06421/21438

**Notruf für vergewaltigte
Frauen und Mädchen e. V.**
Hamburg
Tel. 040/255566

**Notruf für vergewaltigte
Frauen und Mädchen e. V.**
Hannover
Tel. 0511/332112

**Notruf für Frauen – Frauen
gegen Vergewaltigung e. V.**
Kassel
Tel. 0561/772244

**Notruf für mißhandelte Frauen
und ihre Kinder**
Wetzlar
Tel. 06441/46364

**Notruf für vergewaltigte
Frauen und Mädchen**
Wuppertal
Tel. 0202/300000

**Notruf für vergewaltigte
Mädchen und Frauen e. V.**
Münster
Tel. 0251/34443

**Ärztliche Beratungsstelle
gegen Vernachlässigung u.
Mißhandlung von Kindern e. V.**
Dortmund
Tel. 0231/1300981

**Notruf für vergewaltigte und
von sexueller Gewalt bedrohte
Frauen und Mädchen e. V.**
Trier
Tel. 0651/49777

**Notruf für vergewaltigte
Frauen und Mädchen e. V.**
Koblenz
Tel. 0261/19740

**Notruf für vergewaltigte
Frauen e. V.**
Köln
Tel. 0221/562035

Notruf für Frauen und Mädchen gegen sexuelle Gewalt e. V.
Bochum
Tel. 0234/297929

Notruf für vergewaltigte und sexuell belästigte Frauen e. V.
Dortmund
Tel. 0231/160999

Notruf für vergewaltigte und sexuell mißbrauchte Frauen und Mädchen e. V.
Idar-Oberstein
Tel. 06781/19740

Notruf für vergewaltigte Frauen und Mädchen
Mainz
Tel. 06131/19740

Notruf Frauen gegen Gewalt e. V.
Westerburg
Tel. 02663/8678

Frauenzentrum Mainz e. V.
Opfernotruf
Tel. 06131/2211263

Notruf für vergewaltigte und sexuell belästigte Frauen u. Mädchen
Alzey
Tel. 06731/19740

Notruf für vergewaltigte Frauen und Mädchen e. V.
Leverkusen
Tel. 02171/27773

Notruf und Beratung für vergewaltigte Frauen e. V.
Frankfurt am Main
Tel. 069/709494

Notruf für vergewaltigte Frauen und Mädchen im Landkreis Limburg-Weilburg
Limburg
Tel. 06431/92343

Notruf für vergewaltigte u. sexuell mißbrauchte Mädchen u. Frauen
Worms
Tel. 06241/19740

Notruf für vergewaltigte Frauen und Mädchen
Aachen
Tel. 0241/542220

Notruf für sexuell mißhandelte Frauen und Mädchen e. V.
Mannheim
Tel. 0621/10033

Notrufberatungsstelle bei Vergewaltigung und Gewalt an Frauen und Mädchen
Speyer
Tel. 06232/19740

**Notruf für Frauen und
Mädchen bei Vergewaltigung
und sexuellen Übergriffen**
Stuttgart
Tel. 0711/2859001

**Notruf für vergewaltigte
Frauen und Mädchen e. V.**
Ludwigsburg
Tel. 07141/378496

**Notruf Frauen gegen
Vergewaltigung e. V.**
Tübingen
Tel. 07071/51888

**Notruf für vergewaltigte und
mißhandelte Frauen**
Karlsruhe
Tel. 0721/691099

**Beratung für Frauen und
Mädchen in Not**
Kaufbeuren
Tel. 08341/101010

**Notruf für vergewaltigte
Frauen e. V.**
München
Tel. 089/593701

**Notruf für vergewaltigte und
belästigte Frauen und
Mädchen e. V.**
Regensburg
Tel. 0941/24171

**Notruf für Frauen und
Mädchen**
Freising
Tel. 08161/3158

**Notruf für vergewaltigte
Frauen und Mädchen e. V.**
Nürnberg
Tel. 0911/284400

Versorgungsamt
Dort werden Anträge nach dem Opferentschädigungsgesetz gestellt. Das zuständige Versorgungsamt erfragen Sie bei Ihrer Stadt- oder Gemeindeverwaltung.

Weißer Ring e. V.
Ein gemeinnütziger Verein zur Unterstützung von Kriminalitätsopfern und zur Verhütung von Straftaten. Er leistet persönliche Betreuung, Hilfe und Beistand mit Behörden und Versorgungsämtern. Unter Umständen gibt er finanzielle Unterstützung und vermittelt Hilfen für andere Behörden. Die Mitarbeiter begleiten auch zu Gerichtsterminen. Es gibt etwa 400 Anlaufstellen bundesweit. Die nächstgelegene Geschäftsstelle erfahren Sie über das Regionalbüro Ihres Bundeslandes.

Opfer-Notruf und Info-Telefon
bundesweit und rund um die Uhr
Tel. 01803/343434

Bundesgeschäftsstelle
Weberstraße 16
55130 Mainz
Tel. 06131/8303-0

Regionalbüro Bayern-Nord
Carl-Schüller-Straße 11
95444 Bayreuth
Tel. 0921/81401

Regionalbüro Berlin
Augustaplatz 7, Haus 14
12203 Berlin
Tel. 030/8337060

Regionalbüro Baden-Württemberg
Haußmannstraße 6
70188 Stuttgart
Tel. 0711/2155193

Regionalbüro Bayern-Süd
Hilaria-Lechner-Straße 18
86690 Mertingen
Tel. 09078/89494

Regionalbüro Brandenburg
Breite Straße 19
14467 Potsdam
Tel. 0331/291273

Regionalbüro Bremen
Sögestraße 47–51
28195 Bremen
Tel. 04 21 / 32 32 11

Regionalbüro Hessen
Mainzer Landstraße 131
60327 Frankfurt am Main
Tel. 0 69 / 23 35 81

Regionalbüro Niedersachsen
Gretelriede 63
30419 Hannover
Tel. 05 11 / 79 99 97

Regionalbüro NRW / Westfalen
Karlstraße 21
59065 Hamm
Tel. 02 3 81 / 69 45

Regionalbüro Saarland
Halbergstraße 44
66121 Saarbrücken
Tel. 06 81 / 6 73 19

Regionalbüro Sachsen-Anhalt
Lerchenfelderstr. 16
06110 Halle
Tel. 03 45 / 2 90 25 20

Regionalbüro Thüringen
Schillerstraße 22
99096 Erfurt
Tel. 03 61 / 3 46 46 46

Regionalbüro Hamburg
Eiffestraße 38 / 2. Etage
20537 Hamburg
Tel. 0 40 / 2 51 76 80

**Regionalbüro
Mecklenburg-Vorpommern**
Schwedenstraße 11
17033 Neubrandenburg
Tel. 03 95 / 5 66 62 37

**Regionalbüro
NRW-Rheinland**
Josef-Schregel-Straße 44
52349 Düren
Tel. 0 24 21 / 1 66 22

Regionalbüro Rheinland-Pfalz
Weberstraße 16
55130 Mainz
Tel. 0 61 31 / 83 03 29

Regionalbüro Sachsen
Bernsdorferstraße 88
09126 Chemnitz
Tel. 03 71 / 5 47 20

**Regionalbüro
Schleswig-Holstein**
Brunswiker Straße 50
24105 Kiel
Tel. 04 31 / 5 76 77

Österreich

Weißer Ring Österreich
Marokkanergasse 3
A-1030 Wien
Tel. 2227/121405

Österreichische Gesellschaft für Familienplanung (ÖGF)
Semmelweis Frauenklinik
Bastiengasse 36–38
1180 Wien
Tel. 1/4785242
Fax. 1/478524222

Schweiz

Weißer Ring Schweiz
Deutsch-Schweizerisches Sekretariat
Furtrainstraße 11
CH-8180 Bülach
Tel. 1/8609520

**Association Suisse de Planning Familial et d'Education Sexuelle
(ASPFES)**
Ch del la Guéta 7
CH-1073 Savigny
Tel. 21/7840246
Fax. 21/7840246

Lektüreempfehlungen

Sie finden nachstehend Buchempfehlungen, die ich als weitergehende Literatur empfehlen kann. Diese Aufzählung ist nicht vollständig.

Reiner Gödtel, Sexualität und Gewalt, Hamburg: Hoffmann und Campe 1992
Der Autor ist Gynäkologe und hat beruflich oft mit vergewaltigten Frauen zu tun. Er fungiert als Gutachter bei Gericht und dokumentiert die vielfältigen Formen destruktiven Verhaltens und versachlicht die mit vielen Vorurteilen belastete Diskussion um sexuelle Gewalt. Das Buch ist leicht verständlich und gibt Einblicke in die Geschichte der sexuellen Gewalt genauso wie in aktuelle Fälle.

Renate Sadrozinski (Hg.), Grenzverletzungen, sexuelle Belätigung im Arbeitsalltag, Frankfurt am Main: Fischer Taschenbuch Verlag 1993
Wer sich gegen sexuelle Belästigung am Arbeitsplatz wehrt, muß damit rechnen, als prüde oder männerfeindlich abgestempelt zu werden. Sechs Autorinnen beschreiben, warum viele Frauen zur sexuellen Belästigung am Arbeitsplatz schweigen und wie die Situation verändert werden kann.

Beate Besten, Sexueller Mißbrauch und wie man Kinder davor schützt, München: Ch. Beck Verlag 1995
Sie finden in diesem Buch Ursachen und Präventionsmaßnahmen. Jedes Jahr werden in Deutschland (noch ohne die neuen Bundesländer) etwa 300 000 Kinder sexuell mißbraucht. Diese Zahl sollte jeden dazu veranlassen, vorbeugende Maßnahmen zu ergreifen.